新・国富論

グローバル経済の教科書

浜 矩子

文春新書

894

新・国富論——グローバル経済の教科書◎目次

第四章　カジノ金融とマジメ金融のはざまで…………143

第五章　スミス先生と現代へ…………167

はじめに

今、我々は「新・国富論」を必要としている。折に触れて、そのように思い始めてから、それなりの時間が経っている。グローバル時代とは一体どのような時代なのか。それを考えることと、「新・国富論」の必要性を考えることとは、概ね同じことなのではなかろうか。次第に、そのようにも思いながら、今日に至っている。

もっとも、「新・国富論」に思いをはせることと、グローバル時代の姿形を捕まえようとすることとは、相容れないことだと思えてしまう面もある。なぜなら、そもそも、「国富」という概念は、国民国家というものが一定の自己完結性をもって確立していることを前提としている。だが、グローバル時代は、そのような国民国家の自己完結性に風穴を開ける大風を吹かせる。

ヒト・モノ・カネがいとも簡単に国境を越える。それがグローバル時代だ。この国境無き時代において、果たして国富とは何なのか。国境無き時代は、何富論の時代であるべきなのか。このことを巡って、筆者の思いはくるくると巡り、ぐるぐると去来する。

アダム・スミスの『国富論』は一七七六年三月九日に刊行された。同じ年の七月四日に、アメリカ合衆国がイギリスからの独立を宣言した。あの時もまた、歴史が大きく動いた時だった。そして、『国富論』の底に流れる、国民国家とは何かという問いかけは、新鮮にして時宜を得ていた。植民地が独立を宣言する。王政が揺らぎ、民主主義が台頭する。啓蒙思想が人々の思いを掻き立てる。そんな時期にスミス先生が「国富」の在り方を見据えようとした。

アダム・スミスは経済学の生みの親だといわれる。その彼の全力全魂が『国富論』に注ぎ込まれている。ご承知の通り、『国富論』のフルタイトルは「諸国民の富の性質と原因についての研究」である。つまり、経済学の親が経済学を生み落とした時、その対象となっていたのは、まさしく国民国家そのものだった。国民国家無くして経済学の誕生無しだった、というわけである。

然らば、すなわち国民国家無くして経済学無しなのか。ヒト・モノ・カネが国境を越える今、経済学は存立の基盤を失ったのか。実をいえば、そうなのかもしれない。少なくとも、そのような面があることをひとまず認知した上で、今の時代と向き合う必要があると思う。

そのように気持ちを整理した上で、アダム・スミスの『国富論』の世界に踏み込んだ時、そこには、実に大いなる発見がある。国民国家の黎明期において執筆された『国富論』は、まさしく「諸国民の富」とは何なのかを徹底追求している。二時間で読めるとか、早わかりとか、そのような安易に得られる安心感を一切求めず、気の遠くなるような執念をもって、国富なるものの全貌を見極めようとしている。

だからこそ、国富とは何なのかが定かでなくなっている今、『国富論』に立ち返り、「新・国富論」を追求することには意味があると思う。『国富論』を知らずして、「新・国富論」をイメージすることは出来ない。国民国家の経済力学をわからずして、国民国家の枠組が揺らいでいる時代の経済力学を見極めることは出来ない。

このような思いを噛みしめつつ、今、本書の旅に出発しようとしている。またしても、旅である。おなじみの皆さんとは、随分と様々な旅をご一緒させて頂いている。初めてお目にかかる皆さんには、このとびきり大それた旅の途上で、じっくりお近づきになれれば嬉しいと思う。

この旅は、まずは、「新・国富論」が対象とする「今」をざっくり俯瞰するところから始まる。そこはグローバル長屋だ。様々な住人がいる。様々な小長屋に分かれている。それぞれの個別事情に揺らいでいる。だが、共通の問題もある。それらは、いずれも、ヒト・モノ・カネが国境を越える時、何が起こるかということに関わっている。

鳥瞰図を一望した上で、いよいよ、元祖『国富論』の勉強に入る。そこで、我々は、スミス先生の時代におけるヒト・モノ・カネの姿に出会う。その有り様が、今といかに違うか。しかしながら、根底においていかに大いに今と同じでもあるか。様々驚嘆しながら、我々は経済の力学の基本を改めて確認することになる。

『国富論』的感受性をそれなりに身につけた上で、我々は今日的なヒト・モノ・カネの姿を見るところに再び立ち返る。そこに我々が見出すのは、国境を越えた分業の大パノラマだ。モノづくりのためのヒトの役割分担が、いまや、グローバル・サプライ・チェーンという巨大な構図の中に組み込まれている。そして、カネはヒトによるモノづくりの世界と袂《たもと》を分かち、得手勝手な独り歩きに余念がない。

こうした状況が、いかに国々の政策形成と政策運営を難しくしているか。この点についても、旅の途上で検討する。ヒト・モノ・カネはグローバル化する。だが、国々とその政策はグローバル化出来ない。かくして、国々の政策は何をやっても上手くいかない。そのことに業を煮やした政治家たちが、中央銀行に国債を買わせたり、無理やりにインフレの火を燃え上がらせようとする。自国通貨が安くなることを、あたかも最大の勝利であるかのごとく喜ぶ。その有様には、『国富論』の中でスミス先生が厳しく戒めた重商主義者たちの影が重なる。

グローバル時代において、スミス先生の「見えざる手」に代わるのは、いかなる手か。「新・国富論」はどこまで新しくなり、どこまで、古いままである必要があるのか。思いは尽きない。いよいよ、出発時間です。

第一章　グローバル経済のいま

1. 世界は越えてはいけない一線を越えつつある

地球は長屋になった

本題に入る前に、この章では、われわれが日々暮らすグローバル社会の現状を見ておこう。今がわからなければ、未来は見えてこないからだ。冷戦の終結とIT革命がもたらしたグローバル化は、かつては、はるか彼方にあった世界の地平線を人々の眼前に引き寄せた。その意味で地球はグローバル時代の到来とともに小さくなった。その小さくなった地球の上で、われらは肩を寄せ合って生きている。グローバル社会はさながら長屋のごとく。その住人たちはみな、向こう三軒両隣の様子が気にかかる。

そもそも、グローバル時代はいつ始まったか。捉え方は色々ありうるが、さしあたり、一九八九年十一月、ベルリンの壁が崩壊した時を起点とするのが大過ないところだろう。

あの時をもって冷戦体制が終結し、世界が西側陣営と東側陣営に分断された状態が解消された。まさに地球が一つになった瞬間である。その瞬間から、二十年余りがすぎた。グローバル経済は、ざっくり言って二十歳《はたち》。成人式を迎えるにいたった。この概ね二十年間の前半が二十世紀最後の十年、後半が二十一世紀初頭の十年に相当する。旧世紀から新世紀への架け橋の二十年。この間が、グローバル経済のいわば思春期に相当するというわけだ。思春期は何事も波瀾万丈。この間の右往左往も納得が行く。そしていまや、大人のはしくれに仲間入りしたグローバル経済である。これからは、多少とも落ち着いた足取りで歩んでいくことになるや否や。怖いような、楽しみなような。

果たして、グローバル時代は人間を幸福にするのか？　われわれの将来はどうなるのか？　いまだ全く判然としない。それどころか、どうもグローバル長屋のあちこちに〝ほころび〟が目立つようになってきた。もともと、果たして土台がどこまでしっかりしているのか、良くわからない長屋ではあった。築二十年ともなれば、根太《ねだ》の具合が気がかりだ。

グローバル長屋の大黒柱の一つに、国々の財政がある。そのはずだった、というべきかもしれない。ちなみに、文春新書の前著『ユニクロ型デフレと国家破産』で、リーマン・ショック後の金融再暴走とソブリン（国家）・リスクの発生を懸念したのは、二〇一〇年のことだった。二〇〇八年九月に起きたリーマン・ショック以降、各国政府はグローバル恐慌を押さえ込もうと、自国の金融機関や大企業に膨大な量の公的資金をつぎ込んだ。その結果、民間債務がいつしか国家の債務にすりかわり、つぶれるはずの民間企業が生き延びる代わりに、国のほうが倒産の危機に追い込まれてしまった。国の財政出動が恐慌の引き金になるというのは、実に衝撃的なことだ。それまでの常識では考えられなかった。大黒柱が自壊作用を起こし始めたのでは、住人たちはたまったものではない。

ところが、そうこうするうちに、何と、もう一つの大黒柱まで具合が怪しくなっている。その名は中央銀行である。財政柱が倒れそうになり、中央銀行柱がそれを必死で食い止めようとしている。国債をどんどん買って、財政を支えている。いまや、そんな構図が長屋のあちこちで目に止まるようになっている。

カネの暴走がリーマン・ショックという名の金融恐慌となってグローバル長屋に襲い掛かった。それに立ち向かおうとして、財政柱がヨレヨレになった。財政柱を支えようとして、中央銀行柱がしてはいけない無理をしている。無理がたたって、こっちの柱が倒れてしまえば、長屋を支えるものはもはや何もない。みんな一緒に恐慌の無間地獄に転落するばかりだ。普通の長屋なら、大家さんに何とかしてもらう場面だ。ところが、グローバル長屋には大家さんがいない。みんな店子ばかりである。ここが、かつてのパックス・アメリカーナ長屋とか、パックス・ブリタニカ長屋との違いである。誰も助けに来てはくれない。さあ、どうするか。

ユーロ長屋の火消し役に迫る危機

中央銀行という名の大黒柱が、してはいけない無理をしている。先ほどそう書いた。中央銀行がしてはいけない無理とは何か。

それを以下で考えていこう。

そのために、まずはグローバル長屋の一角に注目する。グローバル長屋は巨大長屋だ。多くの小長屋たちによって構成されている。その小長屋の一つがユーロ長屋だ。数ある中央銀行のなかで、今、もっとも大いなる苦悩を背負いこんでいるのが欧州中央銀行（ECB）だろう。ご存知、ユーロ圏の中央銀行だ。ユーロ圏一二カ国のための金融政策を一手に引き受けている。通貨が一つだから、それに一つの中央銀行が対応している。それは合理的だ。だが、問題はその一つの通貨を複数の国々が共有していることだ。だから、話が厄介になる。

ユーロ圏を財政危機の嵐が吹き荒れているのは、よくご承知のとおりである。ギリシャの財政難問題が二〇〇九年に発覚して以来、ユーロ圏及びユーロ圏を内包するEU（欧州連合）の結束と求心力は大いに乱れ続けている。EUとIMF（国際通貨基金）が協力して行なった二度の金融支援策も効果はどこかに掻き消えた。ギリシャの財政危機はまずポルトガルとアイルランドに飛び火した。次にはスペイン、イタリアへと火の手が及んだ。次はフランスが餌食になるか。グローバル長屋の一角を形成するユーロ長屋においては、半鐘が鳴りっぱなしだ。しかし、どうも頼りになる火消しのお兄さんたちが見当たらない。そもそも、この優良長屋で火事など起こるはずがない。そんな風に見栄を張って備えを怠ったからいけない。IMFだって、この手の火事の火消しはやったことがないのである。

読者の皆さんは、ユーロ長屋の財政事情をどう受け止めておいでだろうか。財政赤字の幅から見れば、それほど大したことはないではないか。そう思われる方もおいでになるかもしれない。

たしかに、目下、注目のスペインとイタリアについて見れば、二〇一一年の財政赤字対名目GDP（国内総生産）比は、スペインが八・九％で、イタリアが三・九％である。E

Uの平均値は四・一%だから、イタリアはこの数字を見る限り成績は決して悪くない。スペインの八%台はやはり問題だ、だが、かつてのギリシャの一二%に比べれば、さほど衝撃的な数字ではない。

ただ、問題は国債発行額の大きさなのである。スペイン一国の国債発行額だけで、かの悪名高きPIIGSの仲間たち、ポルトガル、アイルランド、ギリシャ三国の合計額に匹敵する。イタリアにいたっては、スペインの三倍。もし、イタリアとスペインの国債相場が市場で暴落したなら、その影響はギリシャとは比べ物にならない。ギリシャ家の火事ならボヤ程度。長屋の住人総出で挑めば、消し止めることは出来る。だが、スペイン家もイタリア家もということになれば、並みの対応では手に負えなくなる。

もはやお陀仏かと、長屋の一同が覚悟したところで、実に頼りになる助っ人が出現した。その名こそ、欧州中央銀行(ECB)だ。ECBは、二〇一一年八月に二二〇億ユーロを投じ、イタリアとスペインの国債買い取りを表明した。これを含め、二〇一〇年から二年の間に、ECBが財政難の諸国から買い上げた国債総額は、二一一〇億ユーロにのぼっている。

いざという時にはお出まし下さる。何と頼りになる火消し役であることか。ECBは次第に長屋挙げての人気者となりつつある。だが、これがいけない。当面の火をもみ消すために、さしあたり火種を全部火消し役が呑みこんで行く。それが、ＥＣＢがやりつつあることだ。ＥＣＢの内なる冷却装置が機能している間はいい。だが、オーバーヒート状態になったらどうするのか。火消しの体内から火が燃え上がってしまうことになりかねない。火消しが火を呑みこむ芸当は、基本的に封印すべき芸である。

中央銀行の本来の役割

中央銀行という名の火消し役が火種を呑みこむとはどういうことか。

要するに、それは中央銀行が不良債権を手元にため込むことである。財政破綻の危機に直面している国々の国債は、いつ債務不履行状態（デフォルト）に陥るかわからない。その意味で、これらの債権は間違いなく不良債権だ。そのようなものを、中央銀行たるものが手元に積み上げていいはずがない。そもそも、中央銀行というものの本源的役割とは、「通貨価値の番人」たることだ。自分が責任を持つ通貨の価値を安定的に維持する。それが彼らの役割だ。通貨番屋である。

番屋の屋台骨はしっかりしていなければならない。あの通貨番屋は、どうもタチの悪い証文ばかりため込んでいるらしい。どうかすると番屋が潰れるかもしれねぇ……。世間の皆さんにそのように見られ始めてしまえば、火消し役どころではない。通貨番屋は常に身綺麗で、財務健全でシャッキリしていなければいけないのである。たとえ政府や政治は信用出来なくても、中央銀行は信頼出来る。そのような存在であってこそ、通貨の番人はその名に値する。だからこそ、中央銀行家たちの中には、紳士然、貴公子然とする人、したがる人が多いのである。もっとも、なかには遠山の金さんよろしくバンカラな中央銀行家もいる。思えば、近頃はそういうタイプが少ない。最近の中央銀行業がどうも線が細く見えるのも、そのせいかもしれない。

それはともかく、中央銀行の経営と財務は常に盤石でなければならない。その辺が怪しくなって来たのでは、いくら通貨の番人を豪語しても、誰も信用しない。中央銀行が信用を失墜すれば、その中央銀行が番屋として責任を持つ通貨についても、信任は崩壊する。価値のつけようがない、誰もがそう思う通貨と化してしまうのである。民間経済が変調をきたした時、真っ先に出動する第一レスキュー隊が財政だとするならば、中央銀行は次に控える第二レスキュー隊だ。そう簡単には出動しない。万策尽きたように見えた時、おもむろに登場して救いの手を差し伸べる。それが第二レスキュー隊の位置づけだ。であればこそ、中央銀行を「最後の貸し手」と呼ぶのである。今のユーロ圏においては、この最後の貸し手が最前線に出て体を張っている姿になっている。こうなってしまえば、後がない。伝家の宝刀が抜き身のままで全貌を現してしまえば、有難みも迫力もすっかり薄れる。これでは、通貨の番人として明らかに失格だ。

アメリカ長屋もニッポン長屋も悩みは同じ

本来ならば、「市場の失敗」を補うのは財政の役目だ。ところが、財政事情が火の車でそのゆとりがない。そのため、財政がやるべきことまで中央銀行に押し付けられる。あげくのはては、財政そのものを破綻から救うことまで、中央銀行の責務となってしまう。こんな構図は、何もユーロ圏だけに限った話ではない。星条旗が翻るアメリカ長屋も、日の丸を掲げたニッポン長屋も、お家の事情は大同小異だ。

ＥＣＢがいち早く、ルビコン河を渡りかけているのは事実だ。だが、ＥＣＢの抱える問題は決して対岸の火事ではない。アメリカの中央銀行、連邦準備制度理事会（ＦＲＢ）は二〇一二年九月にいわゆるＱＥ３（量的緩和第三弾の意。ＱＥ＝Quantitative Easing）に踏み切った。長引く金融大緩和は金利が社会で果たしている機能をマヒさせる。金利は経済活動の体温計だ。経済が過熱していれば、それを反映して金利が上がる。経済が仮死状態に陥っていれば、それを反映して金利が下がる。そうでなければ困る。だが、金利が政策的に事実上ゼロに等しいところに抑え込まれていれば、体温計は体温計の役割を果たしえない。

しかも、カネが容易に国境を越えるグローバル時代においては、カネは低金利国から高収益を求めて、どんどん国外に流出してしまう。だから、いくら金融を緩和しても、カネは国内では回らない。これでは、金融緩和の意味がない。それでも、何もやらないわけにはいかない。財政が出動出来ないから、金融政策が頑張るしかない。しぼみきった経済活動に向けて中央銀行は量的緩和という名のホースから、大量に活性剤を送り出す。だが、いつの間にやら、このホースには先端部にバイパスが出来てしまっている。そこから、活性剤の多くの部分が国境を越えて海外に染み出してしまう。これでは効果激減である。だが、それを承知でFRBは今日も行く。

量的緩和の元祖、日本銀行（日銀）は上記の漏れるホースを実に長期にわたって使い続けてきた。その過程で、実に大量の国債を市場から買い込んできた。二〇一二年八月、日銀が保有する長期国債残高（八〇兆九六九七億円）が、はじめて銀行券（紙幣）の発行残高を上回った。これではもう、事実上の国債買い取り専門機関だ。その上、ついには中小企業金融に携わる金融機関支援という形で、本来なら民間銀行が担うべき産業金融の領域にまで踏み込んでいる。通貨の番人が国債買い取りと産業金融まで背負い込むのは、いかにも荷が重すぎる。ゴールキーパーに、攻撃陣に加われといっているようなものである。

かくして、中央銀行たちは次々と無理難題に応じざるを得なくなっている。だが、その中で彼らがこれまでのところ決して譲らず、決して越えようとしない一線がある。それが、政府からの新発債の直接引き受けだ。要するに、政府から直接に国債を買うことである。この一線だけは、ユーロ長屋でもアメリカ長屋でも、ニッポン長屋でも、まだ踏み越えられていない。

それは当然だ。中央銀行が政府の言うなりに政府から国債を買うようになってしまえば、財政から規律というものが消えてなくなる。中央銀行は、事実上、政府のための紙幣発行機関と化してしまう。そんなことをやりながら、通貨価値の番人役を果たせるわけがない。明らかに利益相反だ。政府の強い要請があっても、財政節度と通貨価値を守らなければならない。だからこそ、中央銀行の独立性を確保することが重要なのである。その辺りをよく承知しているから、ＥＣＢも日銀もＦＲＢも、既発国債の市場からの買い取りはやるが、政府からの新発債の引き受けには応じていない。言い換えれば、既発債の市場での買い取りに応じることで、新発債の引き受けを回避しようとしている。そう見ることも出来るだろう。一種のアリバイづくりだ。

もっとも、出たてホヤホヤの新発債を瞬時にして市場から買い取れば、これは新発債の直接引き受けに限りなく等しくなる。これでは、アリバイづくりというより体裁づくりあるいは実態隠しに過ぎないともいえるだろう。越えてはならない一線を巡る中央銀行たちの攻防は、実に微妙なところに入って来た。

海賊長屋のＬＩＢＯＲ騒動

「越えてはならない一線」の話になったところで、グローバル大長屋のもう一つの一角に目を転じよう。そこにあるのが、海賊長屋だ。別名、「あまのじゃく長屋」でもある。この長屋の住人たちはイギリス人である。イギリスは海賊の国だ。少々品よく言いかえれば「海洋国」だが、要は海賊活動をベースに大植民地帝国を築き上げるに至った。一時は、パックス・ブリタニカ長屋に君臨するスーパー大家の地位に上り詰めていた。いまやすっかり落ちぶれたが、海賊魂だけはそれなりに生きている。海賊は、他人がつくった秩序などには従いたくない。他人のお仕着せの理念や枠組などはくそくらえだ。海賊は常に我が道を行く。だから、ユーロ長屋には引っ越さない。あくまでも、あまのじゃくを決め込んでいる。

他人が決めたルールには従わない海賊たちだが、彼らには彼らの約束事がある。いかに海賊といえども、否、海賊だからこそ、仁義があり行動規範がある。姑息なことはしない。卑劣なことはしない。借りたカネは必ず返す。強きをくじき、弱きを助く。海賊は存外に紳士なのである。ジェントルマン海賊の不文律こそ、イギリス流「越えてはならない一線」の核心部分だ。

海賊長屋の中でも、この「越えてはならない一線」意識がことのほか筋金入りなのが、伝統のロンドン金融街、通称「ザ・シティ」だ。そのはずだった。ところが、このシティのど真ん中で、とんでもない「越えてはならない一線」違反事件が発生した。それが「ライボー問題」である。以下にその経緯を整理しておこう。

LIBORと書いてライボーと読む。London Interbank Offered Rate の頭文字だ。日本語化すれば、「ロンドン銀行間取引金利」となる。読んで字のごとし。ロンドン市場で銀行たちがお互いに資金をやり取りする際の金利である。要は、金融の世界における問屋さん同士の間の卸値だ。この値が決まれば、それをベースに、その後の流通の各段階での「カネの値段」すなわち金利が決まっていく。要するに、ＬＩＢＯＲはグローバルなスケールで広がる金利体系の出発点なのである。まさしく金利中の金利だ。デリバティブ（金融派生商品）の価格設定や社債の利回りなども、ＬＩＢＯＲを目安にして決められる。生活に身近なところでは、クレジットカードや住宅ローンの金利も、基本的にＬＩＢＯＲが基準だ。グローバル経済のどこを見ても、ＬＩＢＯＲに連動した金融取引がそこにある。その総額は最低でも三〇〇兆ドルに達すると見られている。

ＬＩＢＯＲは、どう決まるか。いたって単純である。シティで取引をしている主要金融機関一八行が、日々の「対銀行貸出レート」を自己申告する。申告先は英国銀行協会（ＢＢＡ＝British Bankers Association）だ。申告データのうち、一番高い四行の数字と一番低い四行の数字を除外した一〇行の平均値を求める。ただそれだけのことだ。単純至極だが、これがグローバルな金利体系の出発点になるのであるから、いい加減な値では困る。銀行間状況を正確に反映した数字になっていなければいけない。

ところが、この神聖にして絶対であるはずの数値について、申告一八行の一角から何と不正申告が発覚したのである。犯人はバークレイズ銀行。イギリスの名門大手行である。

二〇〇八年のリーマン・ショック直後に、自行の調達金利を過少申告していたことが明るみに出たのである。調達金利とは、要するにバークレイズ銀行が他の銀行から資金を融通してもらう時に支払う金利のことである。この金利について実際の水準よりも低い値をバークレイズが申告した。その結果として、当然ながら当時のＬＩＢＯＲは市場の実勢を正確に反映してはいなかったことになる。このことについて、アメリカとイギリスの金融監督当局が二〇一二年六月に総額二億九〇〇〇万ポンド（約三六〇億円）の罰金支払いをバークレイズに要求した。

なぜ、こんなことになったのか？

真相は、まだまだ藪の中である。誰が何をどう考え、誰が誰に何をどう指示したのか。当事者たちの言い分は様々で、本当のところはいまなお判然としない。

バークレイズ銀行が、ひたすら我が身かわいさで動いた。そういう見方はもちろん成り立つ。天下のバークレイズが、こんなに高い金利を払わなければカネを確保出来ないのか。ライバルたちや銀行業界の皆さんにそんなことを知られたらたまらない。その思いがバークレイズを不正申告に駆り立てた。これは直ちに思い浮かぶストーリーだ。あるいは、業界全体の安泰のために、バークレイズが捨て身でウソをついた。そういう読みも成り立つ。

はたまた、監督当局であるイングランド銀行がパニック回避のためにバークレイズに過少申告を直接指示したのかもしれない。諸説飛び交う中で、疑惑解明は進むようで進まず今日に至っている。

LIBOR騒動が傷つけたシティの心意気

バークレイズ問題がくすぶり続ける中で、思わぬ新たな展開も表面化している。どうも、実はもっとはるかに以前から、LIBORを巡る不正が常態化していたかもしれない。そんな話も浮上している。

例えば、アメリカの証券大手モルガン・スタンレー社の元トレーダー、ダグラス・キーナン氏によれば、LIBORの不正操作は、彼がモルガン・スタンレーで働いていた一九九一年九月の時点ですでに行なわれていたという。ベテランのトレーダーたちは、誰もがそれを知っていたというのである。キーナン氏は、その顛末を新聞への投稿記事の中で披露している（二〇一二年七月二十六日付フィナンシャル・タイムズ紙）。現在のLIBORシステムが導入されたのが、一九八六年のことだ。イギリスの「金融ビッグバン」が始動した年である。キーナンが事実を語っているのだとすれば、LIBOR方式の発足後、わずか五年にして、既に不正操作が行なわれ始めていたということになる。

一連の展開をどう解釈すべきか。もっとも深刻に受け止めるべきポイント、最も啞然とすべき側面はどこにあるのか。カネの一次卸値に相当し、〝金利中の金利〟というべきLIBORが不正行為の対象になったということか。はたまた、〝金利中の金利〟の水準が、ほんのひと握りの金融機関の「自己申告」に依存していたことか。さらには、そのひと握りの金融機関による申告数値が、英国銀行協会（BBA）という業界団体によって取りまとめられていたということか。公的機関でも何でもなく、あまりにも当事者性の強い団体が、この聖なる数値の集計に当たっていたことに愕然とすべきであるのか。

以上は、いずれも全て大問題だ。いずれも、「そんな馬鹿な」といいたくなる側面をもっている。モラル・ハザードや利益相反の温床ではないかと叫びたくなる。確かにその通りだ。だが、実をいえば、このような体制を取って来たところにこそ、シティ魂の真骨頂がある。限りなくいい加減で危うそうなやり方を取っていながら、決して越えてはならない一線を越えることがない。これがシティの銀行家たちの節度の証なのである。そうだったはずである。

あれこれうるさく言われずとも、第三者が目を光らしていなくとも、決してシティの名を汚すような行為には及ばない。この〝暗黙の紳士のルール〟におのずと従うことが出来てこそ、シティのバンカーの名にふさわしい。それが彼らの拠って立つところのはずだった。新撰組の局中法度《きよくちゆうはつと》のように、これこれの禁を犯せば首が飛ぶとか、切腹させられるといった罰則規定があるわけではない。それが書き物になって壁にデカデカと張り出されているわけでもない。怖い監察の連中が隊員たちの行動を見張っているわけでもない。あくまでも、シティ男に二言なしなのである。

ルールもなく、お仕置きもなく、監視者もいない。にもかかわらず、当事者たちは立派にいい子であり続ける。これぞ、究極のガバナンス（統治）だ。「わが言葉は、わが契《ちぎ》りなり（My word is my bond）」。シェークスピアの『ベニスの商人』に登場するセリフである。これこそが、時を越えて連綿と引き継がれて来た商人魂であり、金融業の心意気だ。

LIBOR不正申告事件はこの完璧な自主規制方式によるガバナンスの在り方に対して、つけてはならない傷をつけた。この事件の本質はここにある。「『My LIBOR is my bond』のはずだった」。いみじくも、事件発覚直後にイングランド銀行のマービン・キング総裁がそう言っていた。もしも、彼までLIBOR不正に関与していたのであれば、どのツラ下げてそれをいうのか、ということになるわけだが、いずれにせよ、やはり、この手の言葉が彼らの口をついて出る。それがシティという場所だ。だからこそ、我々はこの事件に強い懸念を覚えるべきなのである。鉄壁の自主ガバナンスが揺らぎ、その一線が越えられてしまったことの衝撃は計り知れない。

ウィンブルドン化したシティ

越えてはならない一線が越えられてしまった時、その後始末をどうするか。そこからどうやり直せば、まともな世界に立ち戻れるのか。その道の模索が始まってはいる。だが、明快に針路が見えているわけではない。LIBOR問題に関していえば、いまや波紋はイギリス一国を越えて、グローバルな広がりを示し始めている。欧米各国の公正取引委員会が大陸欧州やアメリカ、そして日本の金融機関にまで捜査の手を伸ばしている。

それにしても、いつからシティはこんな具合になってしまったのか。ここで、それを改めて考え込む。考え込んだ末、ことの起こりは、やっぱり一九八六年の「金融ビッグバン」辺りにあったのだと思う。

金融ビッグバンは、いち早く金融自由化が進んだアメリカに対し、イギリスがパニックに陥った末に仕掛けた逆襲だった。かいつまんでいえば、そういうことである。世界の金融センターとしての位置づけを、ウォール・ストリートごとき跳ね返りものに奪われてなるものか。シティのその焦りが、結果的に思い切った旧弊との決別につながったのである。

最も旧弊の色が濃く、したがって最も抜本的な改変の対象となったのが、ロンドン証券取引所だった。それまでのロンドン証券取引所は、閉鎖的な会員組織の形態をとっていて、新規参入が事実上不可能に近い体制をとっていた。一見さんは、もとよりお断り。紹介者がいれば、一応、検討はいたしましょう。そのような世界であった。だが、そんなことをしていたのでは、どんどん自由化が進むウォール街に客を奪われる。そこで、一転してどなたでも大歓迎方式に切り替えた。この思い切りの良さには、海賊長屋の往年の潔さが感じられる。危機に際して、忘れていた荒くれ者の心意気が蘇った。紳士然としているばかりが能ではなかった。海賊銀行家たちが、そう再認識した場面であった。

かくして、シティは一気に開放的なグローバル金融センターへと大変貌を遂げた。その新生シティに向かっては、それこそグローバル経済の津々浦々から多様な金融機関が押し寄せることになった。突如として、トレンディさが自慢のシティとなった。すっかり若者の街と化した観さえあるシティであった。その頃から、「ウィンブルドン化」という言葉もはやるようになった。ウィンブルドンはテニスのメッカだ。世界中の名選手たちがウィンブルドンに集まる。ウィンブルドンはイギリスにある。しかし、イギリス人選手は滅多にウィンブルドンでチャンピオンにならない。だが、それはどうでもいいことだ。世界中の強者を吸引することで、ウィンブルドンは不滅の強さを我が物とする。それと同じような形で、人のふんどしで上手に相撲をとることを、「ウィンブルドン現象」というのである。ビッグバン後のシティは、まさにウィンブルドン効果で繁栄を取り戻したのであった。

それ自体には、別段、問題はない。巧みに人の力に依存して生きていくというやり方は、グローバル時代の処世術にいたって合致していると思う。そもそも、海賊長屋そのものが、巧みな他力本願の上に成り立って来たという面がある。だが、ウィンブルドン化が進むということは、それだけ、過去の経緯を知らない新参者の比重が高まることを意味している。そうなって来ると、不文律の世界はなかなか厄介だ。〝暗黙のルール〟のDNAを持っていない人たちが増えれば、それに伴ってシティそのものの体質が変異していくことになってしまう。しかも、DNAそのものが明示的に解読されているわけではない。したがって、どの辺まで変異が実際に進んでいるのかを日常的には検証しにくい。知らぬ間に小さな変化が積み重なり、また積み重なりするうちに、全く種類の異なる生き物に変貌していた。そして、変貌のほどが、今回のLIBOR事件で明るみに出た。実はそういうことなのかもしれない。そうであるとすれば、ＬＩＢＯＲ不正が九〇年代初頭から始まっていたという点にもそれなりに納得が行く。さきのキーナン氏がいう一九九一年といえば、ビッグバンから五年たった時点である。そのころから、シティの体質変化が本格化し、「わが言葉は、わが契り」の心意気が薄れつつあった。そう考えてもおかしくないだろう。

2. グローバル経済はどのような壮年期を迎えるのか

カネ先行で進んだグローバル化

かつて、国境こそが人々にとって最も越えることをはばかられる一線だった時代もあった。ところが、いまやこのハードルは限りなく低くなっている。ヒト・モノ・カネは、いとも簡単に国境という名の一線を飛び越える。そして、実に皮肉なことに、だからこそ、国々の政策は越えてはならない一線を越えることを強いられている。国境を越えてやって来る外様バンカーたちの存在が、何人も越えないことが暗黙の鉄則だったはずの一線を消し去ってしまう。

この不可思議な皮肉のパズルを、我々はどうすれば解けるのか。答えはどこにあるのか。この謎を解くことは、間違いなく、本書の狙いであるグローバル時代の「新・国富論」の発見につながるはずだ。そして、この謎解きに成功するには、当然ながら、我々を翻弄するこのグローバル化という現象が、そもそもどのような経緯をたどって今日に至っているのかを把握しておかなければならない。いよいよ、そのことを多角的に見ていこう。

ヒト・モノ・カネと言いながら、実のところ、グローバル化はどちらかといえばカネ・モノ・ヒトの順で進んで来たのが実態だと言えるだろう。少し考えれば、その理由は明らかだ。なぜなら、ヒト・モノ・カネの三者の中で、最も無人格的なのがカネである。モノには、人間の思いがこもる。情熱がやどる。技量が刻み込まれる。かくして、モノには一定の人格性が伴う。そして、もとより、ヒトは人間そのものだ。

だが、カネに色はつけられない。誰がつくっても、カネはカネだ。どこから湧いて出ても、カネはやっぱりカネである。カネに個性はない。全く無人格的である。人格のないものが国境を越えることには、さしたる手間を伴わない。もちろん、資本移動が制度的に規制されていれば話は別だ。戦時ともなれば、国境を越えたカネが強制送還されたり、拉致されたりすることはある。だが、さもなくば、カネは何の苦もなく、そして未練も無く国境を越える。カネが、ホームシックになることはない。

こうしたカネのフットワークの軽さに比べれば、モノの国境越えにはそれなりの制約がある。まずは、国境を越えて渡った先で、気に入ってもらうための工夫が必要だ。珍しがられるための演出も重要だ。気に入られ過ぎれば、輸入規制に合うかもしれない。「食の安全・安心」などを理由に入国を禁止される場合だってある。色がつかないカネに比べて、モノの国境越えには、常にそれなりのリスクが伴う。だからこそ、歴史上、もっとも早い段階から国境を越えているにもかかわらず、モノの取引量は、いまや、カネのそれに全くかなわない。いわんや、ヒトの国境越えとなれば、ことは一段と厄介だ。言葉の問題がある。性格の問題がある。相性の問題がある。家庭の事情がある。複雑な歴史的背景も絡んで来る。ヒトの越境は一筋縄ではいかない。実際に、近頃の日本の若者たちを見れば、国境はおろか、県境を越えることさえ億劫がるのが現状ではないか。

かくして、グローバル化は大いにカネ先行で進んで来た。思えば、一九八〇年代までメディアの花形だった「通商」というテーマがすたれ、代わりに「通貨」が前面に出てきた流れも、これと無関係ではないだろう。

八〇年代の終わりまでは、〝日米貿易摩擦〟や〝日欧貿易摩擦〟というフレーズを新聞やニュースで見聞きしない日はなかった。ご記憶の読者も多いだろう。アメリカ通商代表部の略称であるＵＳＴＲが、注釈なしで新聞の大見出しに使われていたものだ。あの頃、

「通貨」はおよそ不人気な話題であった。ところが、いまやモノとカネの関係は、当時とまったく逆転している。何しろ、モノの取引に比べて、カネのやり取りのスケールが断然大きくなっているのである。金融取引の規模が、GDPの一〇倍以上に達している国々も少なくない。ここまで来れば、人々の関心もまた、モノの世界からカネの世界へと移って不思議はない。

国境を越えるカネに振り回される国民国家

こんな調子でカネの世界はグローバル経済のセレブ・ポジションをほしいままにしている。しかし、歴史的に見れば、金融の発祥地・シティでも、何もないところから、いきなりカネ回しが始まったわけではない。十七、八世紀における長距離輸送の手段といえば、それは帆船であった。海を越えた売買は、商品が売り手から買い手に渡り、その代金が回収されるまでに、なかなかどうして時間がかかる。そこで、当時の商人たちは、製造業者や他の商人たちに当座の資金を用立てる「つなぎ融資」を早い時期から受け持つようになっていった。そうした流れの中で、『ベニスの商人』に登場するシャイロックのようなカネ貸し専門業者も栄えるようになっていった。

こうしたカネの流れは、モノの流れに密着し、それを支えるものだった。モノ動かずして、カネ動かず。そこが出発点だった。ベニスやシティの商人たちによる「つなぎ融資」は、次第に「貿易金融」としてその形を確立していくことになる。こうした仕組みの中では、カネはあくまでも黒衣の存在だった。極めて頼りになる介添人として、天下を回るモノの動きを補佐していたのである。

ところが、グローバル化とIT化の波が押し寄せるや、カネは急速にモノと袂《たもと》を分かち、独り歩きするようになった。独り歩きはたちどころに暴走と化し、いったん袂を分かったモノの世界をも振り回す巨大なエネルギーを形成するにいたった。そのプロセスが、何と短い間に成し遂げられてしまったことか。

地球を股にかけるカネの流れによって、振り回されているのはモノの世界ばかりではない。最もキリキリ舞いさせられているのが、実は国民国家たちだ。この点については、本章の冒頭部分で見た通りである。グローバル長屋のいたるところで、大黒柱が揺さぶられ、屋台骨が痛めつけられている。

国境なきカネの勝手気ままに対して国々はどう対応すべきか。

この命題に対して、すぐ出て来る解答がいくつかある。一つは世界単一中央銀行を設立する。これはつまり、金融政策のグローバル・レベルでの一元化だ。もう一つは国々が資本移動の規制に踏み切る。これはすなわち各国による金融鎖国を意味する。

世界単一通貨の導入という解答もある。かたや、全世界挙げて金本位制に戻るべしという提言もある。諸説紛々だ。いずれも、理屈としてはそれなりにわかる。だが、いずれも単独で満足な解答になり得るとは考え難い。必要なのは、やっぱり「新・国富論」なのである。

一九九〇年代のニュー・エコノミー

本章の冒頭で既述の通り、グローバル時代はちょうど成人式を迎えるところまで来た。カネの越境運動がどんどん加速し、広域化する中で、ここまで来たわけである。思えば、その間にグローバル経済の顔立ちや表情はかなり変化してきた。生まれたてから成人式までの歩みであるから、これも当然ではある。

最初の十年間、つまり一九九〇年代は、あたかも〝アメリカの時代〟が戻ってきたかに見えた。皆さんは、かのニュー・エコノミーという言葉をご記憶だろうか。いち早くIT

化の洗礼を受けて、アメリカが新しく生まれ変わったように見えた。そのアメリカの新しい経済が、グローバル時代を呼び込んだ。したがって、グローバル・スタンダードとは、結局のところ、アメリカン・スタンダードにほかならない。そんな言い方が、それなりに一世を風靡した時期だった。

グローバル化とアメリカ一人勝ちのイメージが強く重なった十年間だった。次の十年の入り口で登場した日本の小泉政権は、まさしく、このグローバル・スタンダード＝アメリカン・スタンダードに概ね盲従することを旨とした政権だった。

ところが、彼らがグローバル・スタンダード＝アメリカン・スタンダードの免許皆伝を目指してひた走っている間に、グローバル時代は既に別の表情を見せ始めていた。少年期から思春期にさしかかろうとする中で、ニュー・エコノミーのきらめきは影を潜めた。代わって、懊悩の青春時代にふさわしく、果てしなき安売り合戦や、格差と貧困など憂いが一杯のテーマが浮上して来た。

グローバル時代の影の部分が見え始める中で、国々は怯んだ。グローバル・スタンダードにかなう存在たらんとする意気込みは後退し、むしろ、グローバル経済の荒波と風雨から我が身を守らんとする行動が、次第に目立つようになって来ている。そのような行動の典型的な発現形態の一つが、例のTPP（環太平洋戦略的経済連携協定）構想だ。TPPをはじめ、〝地域限定・相手特定型〟の通商協定が流行る傾向は、相対的に居心地がいい場所をそれなりに相性のいい面々だけで囲い込み、そこに引きこもろうとする行動様式だ。要は、ヒト・モノ・カネが国境を越える範囲を限定しようとしているわけである。一つの地球に対して、多数の国々の逆襲が始まっている。そのように見える。これは、危険な展開だ。地球経済の切り刻み合戦が行き着く先は、古典的なブロック経済主義の世界であった。そういうことになりかねない。グローバル時代が成人式の日を迎えた後、世の中はこんな具合に少々不気味な様相を呈するに至っている。

二〇〇〇年代のゴールディロックス・エコノミー

ただし、厳密にいえば、これでは話がいささか先走り過ぎている。この段階に入る前に、もう一つのフェーズがあった。二十一世紀に入る辺りから、リーマン・ショック前夜に至るまでの時期である。ニュー・エコノミー時代とはまた一味違う形で、グローバル化が黄金時代をもたらしたかに見えたフェーズだ。世界中で物価は低位安定状態で推移し、金利も程よく低い。中国を始めとする新興諸国の経済は、快調に高速成長を続ける。それでも、グローバルなスケールでインフレが加速する様子は一向に見られない。何もかもが理想的に見えた。実をいえば、その裏側で格差と貧困の影が深まっていた。だが、その影なる部分の存在は、ややもすれば光のまぶしさの中に埋没しがちだった。この時期の状態を、人呼んで「ゴールディロックス（Goldilocks）・エコノミー」という。

皆さんは、ゴールディロックスをご存知だろうか。Gold は金で、Locks は巻き髪の意だ。ゴールディロックスは、金髪のおさげがとても可愛い女の子だ。おとぎ話のヒロインである。ゴールディロックスは森にお散歩に出かけて、フラフラと知らないお家に迷い込んでしまう。そこは、三匹の熊さんたちのお家だ。大熊、中熊、ちっちゃ熊の三匹である。彼らはスープを飲みかけの状態でなぜかお出かけしてしまう。留守宅に迷い込んだゴールディロックスにとって、ちっちゃ熊の椅子が高さも大きさもちょうどいい。スープの量も熱さもピッタリだ。ベッドもちっちゃ熊のがピッタリサイズ。

ちょうどいいスープを飲んで、満足し切ったゴールディロックスはすっかりおねむになってしまう。そこで、彼女はちょうどいいベッドでお昼寝をする。しばらくすると、大中小熊のトリオが帰宅する。爆睡中のゴールディロックスを見つけて、仰天する三匹……。

ここから先のストーリー展開には、各種のバリエーションがある。三匹と一人が、すっかり仲良しになるバージョンもあれば、一人が三匹に食われてしまう残酷物語篇もある。いずれにせよ、全てが「ちょうどいい」というこの感じが、金融バブル化にいたるまでのグローバル経済のイメージにそれこそピッタリ、ちょうどよかった。というわけで、どこかの頭のいい誰かが、「ゴールディロックス・エコノミー」という言い方を発明した。

　金融のグローバル化が完全な市場経済を生み出した。ゴールディロックスに魅入られた人々は、あの時、そのように思い込んだ。IT化のおかげで、特段の玄人《くろうと》でなくても、誰もが簡単にグローバル金融市場に参入できるようになった。かくして、いわゆる〝情報の非対称性〟は解消されて、金融市場は完璧に民主主義的になる。市場への参加者数が無限に増えて、限りなく多様化することによって、そこにおける価格形成は、完璧に合理的になる。だからこそ、万事が程よいゴールディロックス経済が出来上がる。まさしく、万事を市場に委ねておけばいい時代が到来した。その幻想に、人々は酔いしれた。

　思えば、あの頃、ゴールディロックスと並んでもう一人の女子が勇名を馳せた。女子というよりは、オバサマである。その人の名はミセス・ワタナベ。債権大国ニッポンを代表するデイ・トレーダーである。老若多様で、ITリテラシー抜群のミセス・ワタナベたち。多くは専業主婦で、家事を巧みにこなしながら、ワンクリックで資産を自在に地球的に動かす。ジャパンマネーの規模の大きさにグローバル金融の仲介者たちが目覚めた時、彼らがミセス・ワタナベのイメージを生み出した。なぜ、ミセス・サトーでも、ミセス・スズキでもなく、ミセス・ワタナベだったのか。それはともかく、「貯蓄から投資へ」の呼び声がやたらと飛び交ったのもあの頃だった。

ゴールディロックスとミセス・ワタナベの華麗な舞いは、リーマン・ショックの到来とともに無残な終わりを遂げた。そして、二人の円舞の足元で渦巻いていたグローバル時代の影の世界が、一気に前面に躍り出た。それに怯えた国々のパニック的逆襲が高じれば、我々は一体どこに連れて行かれてしまうのか。それが気掛かりな今日この頃である。

グローバル時代は分かち合いの時代

グローバル時代がまだ幼年期にあった頃、筆者は次のように考え始めていた。

一、グローバル時代はグローバル・スタンダードの時代にあらず
一、グローバル化は均一化にあらず、多様化なり
一、グローバル化は巨大化にあらず、極小化なり

一、グローバル時代は国民国家の危機の時なり
一、地球の時代は地域の時代にほかならず

いずれも、当時の一般的な認識とはかなりかけ離れていた。正反対だったといった方がいいだろう。だが、そんなに突拍子もないことを言っているつもりはなかった。誰もが同じスタンダードに従って、万事が均一化してしまえば、創造性は失われる。多様性なきところに衰退ありだ。図体が大きくなり過ぎたものも、必ず滅びる。その事例を、人類史は実に様々な次元で繰り返し目撃してきた。グローバル化で国民国家の存在感が希薄になれば、その陰から姿を現すのは、明らかに、地域社会、地域経済、地域共同体だろう。小さき者たちの多様な創造性が花開くことによって、常に鮮度が保たれる。このイメージの方向に向かっていくなら、グローバル時代もなかなか悪くない。そんな風に考えながら、実際には逆の方向にひた走りつつ、幼児期から少年期へと向かうグローバル時代の展開を見ていた。

そして今、青年期から壮年期に踏み込もうとするグローバル時代を目の当たりにしている。すると、驚くべきことに、上記のグローバル時代の五つのイメージに重大な欠落があ

ったことに気づいてしまう。第六条として、「グローバル時代は奪い合いの時代にあらず、分かち合いの時代なり」が入っていなければならなかった。既存の五カ条の中に暗黙裏に含まれているといえばいえる。だが、暗黙裏ではダメだ。ダメだし、これを明示しなかったということは、取りも直さず、筆者がこのことの重要性を充分には認識していなかったことを示している。大変なことを発見してしまった。これだから、あまり過去は振り返らない方がいい。いや、だからこそ、振り返るべきなのである。第六条については、後ほどまた立ち返る必要が出て来るはずだ。この条なくして、グローバル長屋は立ち行かない。

3．グローバル時代のアリとキリギリス物語

ユーロ長屋はグローバル長屋の縮図

成人式にいたるプロセスをおさらいしたところで、再びグローバル長屋の現状に目を向けなおそう。そのあちこちで、今、何が起こっているか。ざっくりしたところは、本章の冒頭で見た。ここで、もう一息深く個別の小長屋の事情に踏み込んでみよう。

まずは、EU長屋だ。その一部にユーロ長屋があるわけだが、この部分の存続がどうも怪しくなっている。余命いくばくもないかもしれない。

ある意味で、ユーロ長屋はグローバル長屋の縮図だ。ユーロという名の一つの通貨を共有するユーロ長屋の住人たちは、そのことに伴う〝内なるグローバル化問題〟と向き合っている。それと同時に、グローバル長屋全体としての「ヒト・モノ・カネは国境を越え」現象とも格闘しなければならない。彼らは、いわばグローバル経済の劇中劇の出演者たちだ。見ている我々も、彼らの立ち居振る舞いがどこまでグローバル芝居の台本によるもので、どこからがその中のユーロ芝居の台本に従っているのかを見極めなければならない。

何とも厄介な連中である。

こんな風になるのは、そもそも、ユーロという通貨が「浦島太郎通貨」だからだ。筆者はそう思う。ＥＵ長屋の建設が始まったのは、戦後ごく間もない時期である。ローマ条約という名のその当初の設計図は一九五七年に形をなした。むろん、グローバル化のグの字も見えていなかった時代である。その古い構造の延長上にユーロがお目見えしたその時、状況は一変していた。ユーロ長屋が産声を上げた時、その大きな外枠としてのグローバル長屋が概ね十歳になろうとしていた。その中に、新生児なのか老人なのか、良くわからないユーロという浦島太郎が迷い出た。これでは、混乱が深まるのは当たり前である。

なまじ「ユーロ」という一本の太いパイプがあるがために、グローバル化に伴うさまざまな圧力が濃縮形でユーロ圏各国の中に怒濤のごとく流れ込んで来る。それが現状だ。誰もユーロなど導入せず、マルクやフランという各国の独自通貨が今なお存続していれば、これほどまでに欧州経済の危機が深まることはなかったかもしれない。いみじくも、チェコ中央銀行のハンブル副総裁が、「自国通貨は金融危機にあたり、一種のエアバッグのような働きをする」と発言している。賢者の名言だ。エアバッグを外してしまったユーロ圏各国は、ひたすら危機の壁に激突するばかりである。

不揃いの面々による単一通貨の導入には、あまりにも無理があり過ぎた。そもそも、ある経済圏の中で単一通貨が安定的に存続するためには、満たしておくべき条件がふたつある。二つのうち、どちらかが満たされていればいい。

第一条件は、経済実態の完全収斂である。これは、物価や賃金、失業率、金利などがその経済圏を通じて等しく、その中に地域経済格差がない状態をさす。第二条件は、地域経済格差が存在する場合の要件だ。この場合には、その経済格差を埋めるために、いうならば「中央所得再分配装置」を用意する必要がある。

二条件のうち、ひとつが満たされていればいいのであるから、結構、簡単なはずだ。それなのに、単一通貨圏として成り立っているはずのユーロ圏は、そのいずれから見ても失格なのである。

ドイツとギリシャのかけ離れた経済実態を考えてみても、第一条件が実現されていないのは明らかだ。では、第二条件についてはどうかといえば、所得格差を埋めるための制度的なメカニズムは、今のユーロ圏には存在していない。それをつくることを誰もが嫌がっている。なぜなら、それをすることは、要するに各国が財政主権を放棄することにつながるからだ。

政治的思惑から生まれた通貨ユーロ

単一通貨としての存立要件を満たさないユーロは、そもそも、なぜ誕生してしまったのか。端的にいえば、それは、政治の思惑が経済の力学を無視したからである。政治のパニックが経済のロジックを踏みにじったといってもいい。

何ら条件の整っていない通貨統合を後押ししたのは、ベルリンの壁の崩壊という歴史的大事件だった。当時の欧州人たちは、壁の消滅によって出現した統一ドイツの独り歩きを大いに恐れた。恐れるあまり、何が何でも統一ドイツを封じ込めるための器をつくろうとした。その器がユーロ圏だった。その器が、どれほど経済合理性という名のストレスに耐えられるかは、さしあたり、全く無視された。封じ込めの対象となった統一ドイツも、みずから進んで器の中に入ることで、妙な下心がないところを示そうとした。かくして、政治的な無理が通って、経済的道理は引っ込んだ。その結果がユーロ圏の誕生だった。

だが、そうそういつまでも、無理で道理を抑え込んでおくことは出来ない。そのことを如実に示しているのが、今のユーロ長屋の姿だ。厄介者をのさばらせないために、無理やり、にわかづくりの長屋に押し込めた。ところが、次第次第に長屋そのものの存続が、厄介者の財力とご意向に依存する展開になっている。

二〇一二年一月、ユーロ長屋の名物姉御、ドイツのメルケル首相が次のようにいった。「ギリシャが次の支援融資を受けたいと思うなら、彼らは財政運営をEUに委ねるべきだ」。支援がほしいなら、まず財政主権を放棄せよというわけだ。

二〇一二年八月には、次の救済対象候補国として、スロベニアの名前が挙がった。ギリシャ、アイルランド、ポルトガル、キプロス、スペインに続いて六カ国めだ。姉御も、そろそろ堪忍袋の緒が切れかけている模様である。このキリギリスどもよ、いい加減にせよ。そういいたくて仕方がない。

そして、姉御が声を上げれば、今や長屋中が耳を傾けないわけにはいかない。なにしろ、彼女がうんと言ってくれなければ、キリギリスたちへの追加支援も、目下の話題の銀行監督の統合も、ユーロ共同債の創設も、何もかもが前に進まない。ユーロ長屋の火消し役、ECBのドラギ総裁も、メルケル姐さんには一目も二目も置かざるを得ない。

厄介者転じて救世主の位置づけを受け入れるか。はたまた、ユーロ長屋を見捨てて引っ越すか。そもそも、厄介者が救世主の座につくことを、長屋の他の住人たちは我慢できるか。ほかに手立てはあるのか。住人たちが右往左往する間にも、長屋の土台は相当危なくなって来ている。

超メタボキリギリス国家アメリカ

ユーロ圏のアリさん国家がドイツなら、グローバル経済の超メタボキリギリス国家がアメリカだ。この重量級のキリギリスを、日本・中国・ドイツという最強アリさん軍団が支えてあげている。アリさん国家群から、キリギリス国家に向かって、絶え間なく勢いよく、カネが流れ込んでいく。その結果、グローバル長屋全体としてのどんぶり勘定では、差し引きゼロで帳尻が合う。

帳尻合わせのカネの流れを媒介しているのが、メタボキリギリス国の通貨ドルである。ドルはかつての国際基軸通貨だった。だが、一九七一年八月十五日のニクソン・ショックの時をもって、ドルはみずからその位置づけを放棄した。

ベルギーの経済学者、ロバート・トリフィンは、国際基軸通貨というものの特性について、大筋次のようにいっている。基軸通貨は世界で幅広く使われる。したがって、充分に供給されていなければ困る。すなわち、流動性が高い必要がある。だが、あまり流動性が高くなって出回り過ぎると、価値が下がる。それなりに希少性も確保されていなければならない。流動性と希少性をいかにして上手くバランスさせるか。基軸通貨国には、このバランスを堅持する義務がある。しかしながら、これは至難の業だ。かくして、国際基軸通貨国は「流動性ジレンマ」に陥る。これが「トリフィンの流動性ジレンマ論」だ。

結局のところ、アメリカはこの流動性と希少性のお手玉に失敗した。自国経済の成長性を維持するために、ドルを乱発し過ぎたのである。その結果、ドルの希少性は損なわれ、その価値を維持できなくなった。そして一九七一年八月十五日をもって、ドルの金交換を停止することになった。

この日を機に、ドルはその本当の実力に見合った落ち着きどころを求めて、下り坂の旅に出た。今もその旅は続行中だ。だが、相当に終わりが近づいている。その途中にプラザ合意あり、アジア通貨危機あり、リーマン・ショックあり。財政も随分と傾いて来た。二〇一二年六月には、それまでドルを介して交換されていた中国の人民元と円の直接取引が始まった。その分だけ、また一段とドルは必要とされない通貨になった。さらにもう一息、希少性が低下したわけである。

希少性がどんどん下がるドル建ての対米債権を、アリさんたちはどこまで持ち続ける覚悟だろうか。覚悟もさりながら、ドイツアリは次第にそれどころではなくなっている。自分の長屋のキリギリスどもにかかりっきりで、既に足も腰も引けている。それでも、一応、お義理に手だけは差し出してあげている。そんな感じだ。

中国アリも相当に逃げ腰だ。いざとなれば、すぐに逃げよう。その時のために、金を買ったり、ユーロを買ったり。ひっそりと、しかしながら、なかなか着々とポートフォリオの入れ替えも進めているらしい。

相も変わらず歯を食いしばり、全身全霊をもって裸の王様を支えているのは、日本アリのみである。何と忠実な友なりや。もっとも、これも今となってはどうしようもないからだ。大き過ぎて潰せない。忠義の金持ちアリにとって、メタボキリギリスに対する貸し金は、いまや手放すに手放せない不良債権と化している。

アリさんたちが下支え役を放棄して、カネが入って来なくなれば、メタボキリギリスもメタボ解消に向かうほかはない。アメリカにカネが集まらなくなって、借金依存型のメタボ経済が維持不能となった時、ドルの自分の場所探しの旅がようやく終わる。かつて世界最強通貨だったポンドが、完全に基軸通貨でなくなるまでに、約四十年の時が流れた。ニクソン・ショックから概ね四十年が経過した今、ドルにもまた、旅の終わりが近づいていると考えていいだろう。その時、ドルの価値はどうなっているか。筆者のイメージでは、ざっくりいって一ドル＝五〇円だ。この点については、他著であれこれ検討している。一ドル＝一〇〇円との対比で、ドルの価値が半減することになる。この辺りまで行けば、今のドルにはそれなりにピッタリサイズなのではないだろうか。ここまで来れば、このキリギリスもかなりすっきりした体型になるだろう。早めのスリム化が肝要だ。

本当に「ビッグ」になれるか、天才子役の中国経済

グローバル経済から見れば、中国経済は巨大なアリさんだ。パワフルに黒光りしている。だが、その内なる状況はなかなか複雑だ。アリさんもいればキリギリスたちもいる。どうも、スーパー・リッチ化したキリギリスたちもいそうな感じである。内なる真の姿は今一つ判然としない。

いずれにせよ、中国を考える時、筆者の頭の中にこのところよく浮かんで来る言葉がある。その言葉は、「ビッグ」である。映画の題名だ。皆さんは『ビッグ』をご記憶だろうか。一九八八年の映画で、主演がトム・ハンクスだった。十二歳の少年が、願いごとをかなえてくれる魔法の機械に向かって、「大きくなりたい」とお願いする。すると、翌朝、三十男に変身している。本当は背が高くなりたかっただけだった。だが、言葉の使い方が不正確だったから、魔法の機械の勝手解釈で大人になってしまった。

大人になったといっても、それは外見だけの話だ。中身は十二歳のままである。この子

供大人が引き起こす珍事・怪事とペーソスあふれるドタバタ劇。それが『ビッグ』だ。トム・ハンクスに大ブレークをもたらした作品で、大いに話題を呼んだ。

今の中国を見ていると、この映画の記憶が蘇る。二つの意味で、この作品はとっても今の中国を思わせる。第一に、一見大人で中身は子供というのは、まさしく今の中国そのものだと思う。そして第二に、願いがかなうほど怖いことはない。

過去二十年ほどを通じた中国経済の急成長ぶりについては、今さら言及するまでもない。常に一〇%前後の成長を続けてきた。劇的な勢いでまさしく「ビッグ」になって来たのである。時々刻々変貌する上海の街並み。日進月歩というよりは、分進時歩というべき産業力の高まり。その経済的快進撃は、それこそ魔法のなせる業であるかに見えた。それに誰もが瞠目し、羨望と脅威の念がないまぜになった心境に陥るのであった。

そんなモテモテのビッグな若年寄り君、むろん、悪い気がするわけはない。だが、若年寄りには若年寄りなりの悩みもある。念願かなって突然大人の仲間入りを果たした。だが、この願いがかなったばかりに、一度にたくさんのことを考えなければいけなくなった。本来であれば、ゆっくりじっくり進めるべき経済基盤の整備をあまりにも急がなければならないという問題も出て来た。うっかり魔法使いにおねだりをすると、こういうことになる。

何しろ、急に「ビッグ」になってしまったから、外見に中身が追いついていない面が多分にある。経済基盤の整い方が、いかにも不揃いだ。超最先端的豊かさと、前世紀的貧しさが渾然一体となっている。両者の落差が大き過ぎるし、豊かな部分はまだまだあまりにも地域限定的だ。大いなる貧困の中に突出した豊かさがある。この状態の是正に挑んではいるが、なかなか成果が思うようには上がらない。

日本の野田首相が、ある時「分厚い中間層」の必要性を主張していた。思えば、それを最も必要としているのは、若年寄り国家の中国にほかならない。それを彼らも大いに自覚し始めている。だからこそ、大衆消費社会の形成に余念がない。これまでの中国は、ひたすら輸出と投資に依存して一〇％成長を引っ張って来た。素早く「ビッグ」になるには、確かにこのやり方が一番効率がいい。それこそ、魔法的霊験あらたかさをもって、若年寄りが出来上がる。だが、いつまでもこの手法ばかりに依存しているわけにはいかない。それでは、足腰が定まって来ない。輸出は、しょせん他人からの注文次第の他力本願だ。投資はネタが切れればそれまでだ。若年寄りの足腰がどっしりして来るには、どうしても、飽くなき消費意欲を秘めた中間層の形成が待たれる。

この自覚があればこそ、若年寄り国家の政策責任者たちは、全般的な賃金水準の上昇を容認し、推進さえする方向に動き出している。ビッグになることから、リッチになることに照準を定め直し始めているところだ。だが、これも言うは易しだ。あちらを立てればこちらが立たずという問題がある。

賃金が上がれば、人々の購買力は充実し、消費を軸にした内需主導の成長構図が出来上がる。それはいい。だが、賃金が上がるということは、若年寄りのここまでのビッグ化に貢献した競争力の大きな源泉を失うことにもつながる。実際に、中国の高賃金経済化に伴って、これまで世界中から中国に引き寄せられて来た工場群が、次第にライバルの若年寄り予備軍たちに吸い取られつつある。世界の工場はいまやタイにベトナムに、そしてミャンマーへと移動し始めている。内なる格差とちぐはぐ問題を解消する前に、分厚い中間層の確立に至らないまま、肝心要の稼ぎ頭を失ってしまったらどうなるか。若年寄りにも焦りはある。

どこへ行く、老青年のアリさん国家・日本

一方、本当の年寄りで、ことのほか複雑な思いに駆られつつ、若年寄りに熱い眼差しを送っているのが、日本だろう。中国が若年寄りなら、日本は老青年だ。すっかり大人にな

ったのに、永遠に子供であり続けたい。若き日のことが忘れられない。書生気分がどうしても抜けない。「大きくなりたい」ならぬ「小さくなりたい」願望が強いのである。外見はすっかり老成した。それなのに、それに見合った発想と行動を身に着けることを忌避している。青年期の自分へのノスタルジーがあまりにも強い。若さへのあこがれが成熟を味わう味覚の発達を阻害している。これは危険な心理状態だ。

日本は世界に冠たる成熟債権大国だ。対外債権の規模が世界で一番大きい。国富の大きさも大したものだ。経済社会的なインフラの充実ぶりは、世界に類を見ない。実に高い豊かさの水準を、我々は知らず知らずにごく当たり前の前提とするようになっている。まずは、そのことをしっかり認識するべきだ。ところが、そこからは目を背けて、若かりし頃の昔にばかり目を向けている。あの頃の自分と今の自分を見比べて、エネルギーと勢いの喪失を嘆くばかりだ。これでは、いたずらに閉塞感が深まるほかはない。

これほどの富の蓄積を形成しているのに、そのことをなぜ喜ばず、その上手な使い道をなぜ工夫しないのか。豊かな成熟大国のただ中に、なぜ貧困問題があるのか。ハングリー精神が無いと糾弾される若者たちは、なぜ、非正規雇用の悲哀に甘んじなければならないのか。ワーキング・プアなどという悲しき言葉が、なぜ、この豊かな国を語る経済用語の一角を形成しなければならないのか。一方で、貧困の中の豊かさの国、中国で次第に格差問題が大きくなっている。豊かさの中の貧困の国、日本にもまた格差問題がある。若年寄りと老青年という対照的な二人が、同じ問題に当面している。この皮肉にして大いに関心を呼ぶ構図を、我々はどう受け止めるべきなのだろう。

若年寄りと老青年は、この辺りのことをもっともっと腹を割って話し合った方がいい。領土問題を巡って青年らしくも年寄りらしくもない子供じみたケンカを繰り広げている場合ではないだろう。

老青年には、若年寄りに伝授すべき秘伝や要領の数々があるはずだ。劇的高成長の中で、いかに経済構造のバランスを保つか。新たなバランスをいかにすれば着実に構築していくことが出来るのか。大衆消費社会とは、いかなるものか。集権的で管理的な経済社会の運営の仕方は、何時、発展段階のどの辺りで限界に達するのか。その次に来るべきものは何なのか。多様性を巧みに抱きとめていくことが、豊かな想像力と創造性を維持していく上でいかに重要なことか。老青年が若年寄りに語れること、語るべきことは数限りない。

それらの全てのことについて、老青年が成功の金字塔を建て続けて来たというわけではない。むしろ、失敗して来た面が多分にある。集権から分権への切り替えが上手く行っていない。管理から競争、そして協調への経済社会的バージョン・アップも、進みそうでなかなか進まない。萌芽はみえるが、なかなか全面的に花開かない。こんな状況を巡る苦労話も、若年寄りにとって、一番聞きたい話であるはずだ。

第二章　アダム・スミスの『国富論』から考える

1．『国富論』は〝第二次グローバル化時代〟への処方箋だった

経済学の超前提を作った『国富論』

皆さんと筆者は、グローバル時代の「新・国富論」の構築に挑もうとしている。そのような我々としては、何といっても、まずは元祖『国富論』の教えを踏まえておかなければならない。教祖様の体系を知らずして、その今日バージョンを作ろうなどというのは、僭越きわまりない。そもそも、「新・国富論」などという言い方を軽々しく口にすること自体が僭越至極だ。それを承知での、この挑戦に何卒神のご加護のあらんことを。それを祈るにつけても、原典を勉強しておくことが肝要だ。

というわけで、本章では『国富論』の世界を探索することとしたい。本格的にその世界に踏み込んで行く前に、本節では当時の周辺事情を少しばかり概観しておこう。大先生の

お言葉の数々を受け止める作業に当たっては、それなりのウォーミング・アップが必要だ。しばしの準備運動にお付き合い頂きたい。

アダム・スミス（Adam Smith、一七二三〜一七九〇）の『国富論』を手にとって、何はともあれ、まず、だれもが驚くのがその長さだろう。邦訳で比較的楽に入手できる岩波文庫版、中央公論新社の中公クラシックス版は、どちらも四巻仕立てだ。正味二〇〇〇ページある。英語の原典も各種の仕立てがあるが、いずれにせよ、優に一二〇〇ページを超えるボリュームを誇っている。

昔の人は、長い本を書いたものだ。マルクスの『資本論』は、『国富論』のさらに二倍の長さである。これを巨大本といわずして、何というか。日本の学者・文学者も、かつては長い著作が一般的だった。胆力のある人々だったのである。

アダム・スミス

それに比べて、いまの時代は何と情けないことか。一時間で読める。三分でわかる。サルでもわかる。速読・速習・速理解。短く、わかり易く、簡単に。全てがこの調子で処理されて行く。わかり易いことは重要だ。簡潔さも美徳ではある。だが、ただひたすらそればかりだと、人間の頭脳はとてものっぺりして処理能力の低いものになってしまう。難解さに挑み、難解になることをいとわず、徹底的に解析し、徹底的に正確を期す。時には、現代人もそのような世界に埋没する必要があると思う。サルにわからないことがわかればこそ、人なのである。深みを極めるためなら、おしげなくわかり易さを犠牲にする。大御所大先生たちのその心意気は、ネット時代においても知的胆力の礎だ。

それはさておき、もっぱら『国富論』として知られているこの著作であるが、フルネームでいえば、「諸国民の富の性質と原因についての研究」（"An Inquiry into the Nature and Causes of the Wealth of Nations"）である。一七七六年三月にイギリスで出版された。アダム・スミスが五十二歳の時のことだ。

『国富論』は五つのパートによって構成されている。第一篇と第二篇では、まず、分業、市場、貨幣、資本など経済活動にかんする重要な概念について、スミスの定義や原理原則が示される。後半での議論に向けて、ここで準備作業を行なっている。要は〝基礎篇〟である。それを踏まえて、第三篇以降の本格的な持論展開に踏み込んで行く。重量級のテーマについて、大先生の思いのたけがほとばしり出る。具体的には、国によって異なる経済発展の道筋（第三篇）、当時ヨーロッパを席巻していた「重商主義」への批判（第四篇）、国家財政（第五篇）などが論じられている。長くもなるわけだ。

雰囲気をつかんでいただくために、目次に出てくる単語を列記してみよう。分業、市場《しじょう》、貨幣、労働価格、労働の賃銀、資本の利潤、土地の地代、国民資本、重商主義、輸入、貿易差額、預金銀行、戻し税、奨励金、通商条約、植民地、アメリカの発見、重農主義、主権者、国家の経費、軍事費、司法費、公共事業、公共収入の財源、青少年教育、租税、賃料、利潤、人頭税、消費財にかける税、公債……等々。

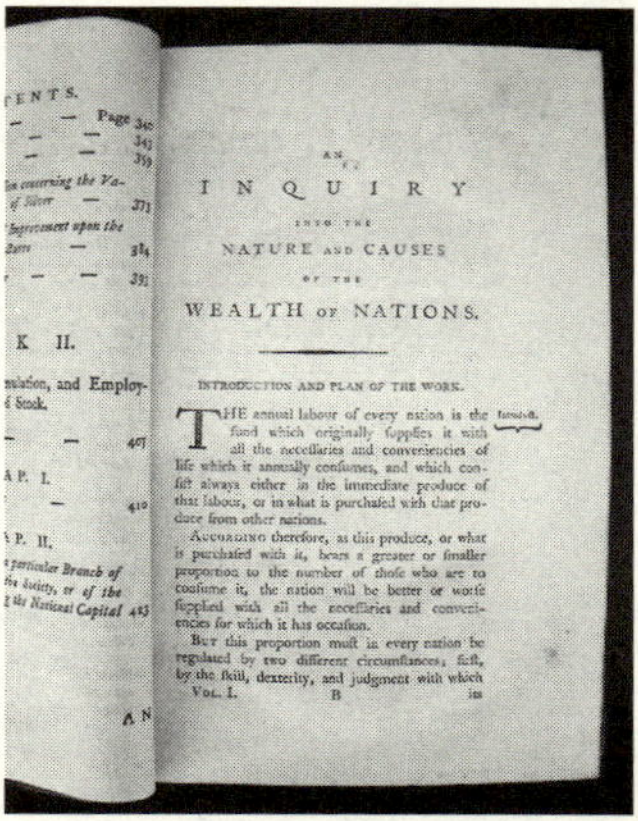
AN INQUIRY INTO THE NATURE AND CAUSES OF THE WEALTH OF NATIONS.

INTRODUCTION AND PLAN OF THE WORK.

THE annual labour of every nation is the fund which originally fupplies it with all the neceffaries and conveniencies of life which it annually confumes, and which confift always either in the immediate produce of that labour, or in what is purchafed with that produce from other nations.

According therefore, as this produce, or what is purchafed with it, bears a greater or fmaller proportion to the number of thofe who are to confume it, the nation will be better or worfe fupplied with all the neceffaries and conveniencies for which it has occafion.

But this proportion muft in every nation be regulated by two different circumftances; firft, by the fkill, dexterity, and judgment with which

Vol. I.　B　its

『国富論』（国立国会図書館蔵）冒頭

ご覧の通りである。この網羅性と多面性が『国富論』の身上だ。経済の領域に関わる森羅万象がそこにあり、整理され、体系づけられている。『国富論』が元祖経済学だといわれる所以である。後世の我々は、基本的に大先生の分厚くて大きな経済学の手のひらの上で右往左往して来た。

「見えざる手」は『国富論』の名物用語だが、スミス先生の分厚き見えざる手こそ、今日にいたる経済的思考の大きな指針であり、原動力であった。

だが、果たしてこれからもそうか。もとより、スミス・ハンドはこれからもずっと経済学のゴッド・ハンドであり続けるだろう。だが、グローバル時代を包み込むには、このゴッド・ハンドにさらに大いなる広がりと分厚さを持ってもらうことが必要なのかもしれない。あるいは、指をもう一本追加してもらうか？　はたまた、手首の辺りから小手をもう一つ余分にはやしてもらう？　ひょっとすると、グローバル時代が到来したことによって、いよいよ、スミス式ゴッド・ハンドがその全貌を現すことになるのかもしれない。いずれにせよ、一七七六年三月の段階で、生まれたばかりのゴッド・ハンドがどのような様相を呈していたかを確認することが全ての前提だ。

スミスが異を唱えた「重商主義」

さて、スミス先生が提示した代表的な概念の一つが「労働価値説」である。商品の価値は、その生産に投下された人間の労働が生み出すものだ。ゆえに、そこにどれだけの労働が投入されたかによって、商品の価値が決まる。ざっくりいえば、そういうことである。今、この件《くだ》りをお読み下さっている皆さんは、フムフムそうそう、そうだよな、とスンナリ受け止められていると思う。ところが、スミス先生のゴッド・ハンドがうごめき始めた時点では、そうではなかった。なぜなら、イギリスをはじめとする当時のヨーロッパの国々では、もっぱら「重商主義」が一世を風靡していたからである。

重商主義とは何か。これまたさらに一段とざっくりその出発点をいえば、要するに金銀財宝へのこだわりである。より多くの金銀を獲得出来た者が勝利する。このいわば古典的海賊主義が重商主義の原点だ。ここを出発点とすれば、貿易収支は必ず黒字でなければならないということになる。誰かから買うよりも、誰かに対して売るものの量の方が多ければ、おのずと、より多くの代金が手に入る。これが重商主義の基本的発想だ。だからこそ、重商主義はおのずと保護主義につながる。ここまで来たところでおわかり頂ける通り、重商主義と労働価値説とは、西と東ほどに遠い。

重商主義は、ある商品がどれだけの金銀を稼げるかで商品の価値を定義する。労働価値説は、そこにどれだけの人間の汗水が投下されたかで、その商品の価値を定めようとする。随分と大きな違いだ。

ちなみに、そもそも、なぜ重商主義を重商主義というかについては、必ずしも明確な歴史的統一見解があるわけではない。商人たちが提唱した理屈だからだというのが一つの解釈だ。その通りかもしれない。いずれにせよ、スミス先生や重農主義者のミラボーなどが批判的なニュアンスを込めてつけたネーミングだ。どこかに「いやしい商人どもめ」のニュアンスがただよう。この辺りに、謹厳実直なスコットランド人で、啓蒙主義者で倫理学者でもあるスミス先生の思いが滲み出ている。経済活動も経済学も人間の営みなのである。

労働価値説は、その後、デビッド・リカード(イギリスの経済学者・一七七二〜一八二三)を経由して、マルクスにすさまじく厳密な論理性と超絶的厄介さを与えられ、受け継がれた。あらゆるタイプの経済論議の〝超前提〟になっているのが、スミス先生の議論なのだ。

十八世紀という時代のさなかにおいて、ひとりの人間があれだけのこだわりと迫力をもって、当時、経済的力学の大前提だと考えられていた重商主義に対して異を唱えた。何ともスリリングなことである。まさしく、経済の領域におけるコペルニクス的転回だったといえるだろう。そして今、ひょっとするとまた新たなコペルニクス的瞬間が訪れているのかもしれない。そんな今、大御所様の巨著をおさらいすることの意味はことのほか深い。

『国富論』については、過大評価との指摘も歴史の中であまたある。批判論者たちは、『国富論』の記述が矛盾に満ちているとか、前と後ろでは言っていることが違うというようなことをいう。それはそれでもっともだ。だが、スミス先生が『国富論』の最初の草稿を書いてから、本として出版されるまでには、じつに十三年の歳月が流れている。そのようなことは、当時においては、いくらでもあった。

書いていくうちに考えが変わったり、これほど長いものであれば、あとで直そうと思いながら、直し切れないまま、出版物となってしまったこともあったろう。とてつもなく時間を超越した集中力をもってしなければ、なかなか一冊を通しての整合性を保ち切れるものではなかっただろう。むしろ驚くべきは、スミス先生が亡くなるまで、『国富論』が版を重ねるたびに熱心に手を入れ続け、大幅に改稿したときには、旧版の購買者たち向けに、「増補・訂正」を別冊で作ることまでして、内容のアップデートに努めた点である。「新・国富論」に挑む我々にも、この粘りが求められる。

スミスもまたグローバル化を目の当たりにした

ゴッド・ハンドのスミス先生、もし今、我々の時代にタイム・トラベルしておいでになったなら、どのような『国富論』を書かれることか。それが知りたい我々だ。ただ、実をいえば、先生の時代にもグローバル化があった。あの当時もまた、経済的大地は大きく揺らぎ、その地平は大きく変貌しようとしていた。だからこそ、重商主義から労働価値説への大転換もテーマとなったわけである。

人類は、今日にいたるまでの歴史の中で、三度のグローバル化現象を体験している。第一次グローバル化の時代が、十五世紀半ばから十七世紀半ばにかけての時期だった。いわゆる「大航海時代」である。第二次グローバル化時代が、十八世紀から十九世紀に起きた「産業革命」の時代と重なる。この第二次グローバル化時代こそ、アダム・スミスが生きた時代である。そして今、我々が第三次グローバル化の時代を生きている。三つのグローバル化の時代は、それぞれに固有の技術体系に裏打ちされている。第一次グローバル化時代を支えたのが帆船だった。第二次グローバル化時代は、蒸気機関と機械化が支えた。そして、今回の主役はいうまでもなくＩＴである。

今、まさにそうであるように、『国富論』の当時も、ヒト・モノ・カネの相互関係が大きく変わる時期だった。ヒトは次第に機械でモノをつくるようになっていく。モノは次第に遠くまで運ばれるようになる。ヒトによるモノの生産規模とその輸送規模が拡大するにつれて、カネが果たす役割とその天下の回り方も着実に変貌し始めた。

時あたかも一七七三年、「ロンドン証券取引所」が創設された。『国富論』が出版される三年前だ。イギリスで株式会社が誕生したのは十六世紀半ばのことである。それに対応して、株式の売買も十七世紀の終わりごろにはすでにさかんに行なわれるようになっていた。ただし、取引はもっぱら相対で行なわれていた。その舞台となったのが、いわゆるコーヒーハウスである。要は喫茶店だが、株式仲買人たちのための貸会議室的な役割も果たしていた。コーヒーハウスの薄暗い隅々で、得体の知れない男たちがヒソヒソ話に余念がない。当時の株式売買は、そんな光景の中で繰り広げられていたのである。それが、前述の一七七三年に証券取引所という一つの舞台に集約されることになった。もはや、相対でのチマチマした内緒話だけでは充分に処理できない。そこまで、シティにおける株式取引のスケールが桁違いに拡大し始めていたのである。「これまで」と「これから」は大きく違う。だれもが、そのことを肌で感じていた時代だといえるだろう。変わり行く経済活動の空気を吸いながら、スミス先生が「諸国民の富の性質とその原因」の解明に乗り出したのであった。

スミス先生が生きた時代のグローバル化は、戦争によるグローバル化の時代だったといってもいい。国々は領土拡張とそのための戦費調達で常に頭が一杯だった。そんな国家元首たちにとって、なくてはならない存在にのし上がっていったのが、当時のバンカーたちである。金融に裏打ちされて、国家の地平が開けて行く。そんな時代であった。その意味で、当時もまた、カネが大いに出しゃばった時代だ。今も昔も、スキあらば、カネは出しゃばる。その意味で、スミス先生があの時見ていた光景と、第三次グローバル化を体験している我々が目の当たりにしている世界との間には、それなりの共通点があるといえるのかもしれない。この点について、頭の中にメモを書き込んでおく必要がありそうだ。

2. 労働・市場・貨幣は、スミスの時代の〝ヒト・モノ・カネ〟

分業――国富を増やす原動力

さて、いよいよ、『国富論』の中身に踏み込んでいこう。どこから大先生の世界に入らせて頂こうか。『国富論』には、たくさんの入口がある。正門もあれば、裏門もある。正面玄関もあれば、勝手口もある。どこから入っても、巨大なお屋敷の中心部に到達することが出来る。これがまた、この手の巨大本のすごいところなのである。第三次グローバル化時代を生きる我々としては、どこからお邪魔させて頂くことが適当だろうか。

入口はやっぱり、「労働・市場・貨幣」の三本柱によって支えられている門だろう。その門には、「分業」という名前がついている。上記の『国富論』基礎篇が、まさにこのテーマの分析から始まっている。

そもそも、国富の源泉はどこにあるのか？　これがアダム・スミスの基本的問題意識だった。そして、富を生みだす要因として、先生は「労働・市場・貨幣」の三つに着目した。この三大経済要素に対して、国家とその政策はどう関わるべきなのか。これが『国富論』

の基本的な問題意識だ。この視点から経済的営みの数々を観察し、分析している。前節で見た実に多岐にわたる検討項目に対して、この問題意識を四方八方から投げかけているのである。

さて、ここで「労働・市場・貨幣」の三点セットを改めてじっと眺めてみて頂きたい。凝視していると、向こう側に何か別の言葉が透けて見えて来はしないだろうか。そう、その通り。労働はヒトの行為だ。貨幣はすなわちカネである。そして、市場とはモノが取り引きされる場所にほかならない。かくして、「労働・市場・貨幣」の世界は、要するにヒト・モノ・カネの世界に通じる。グローバル時代においては、ヒト・モノ・カネがやたらに国境を越える。この三点セットが国境を越えると、国家とその政策は翻弄される。その有様の一端を第一章で見た。『国富論』は、ヒト・モノ・カネに対する国家とその政策の正しい関わり方を考えようとしている。後述する「見えざる手」を語る時、スミス先生は国家とその政策がヒト・モノ・カネを翻弄することを戒めている。しかし、今や国境を越えて移動するヒト・モノ・カネが、国民国家を翻弄し、その政策を無効化している。つまり、かくして、ヒト・モノ・カネと国民国家の政策との関係が、スミス先生の世界と我々の世界では正反対になっている。大いになる主客転倒がそこにある。このように考えていいのだろうか。この問いかけもまた、頭の中にメモしておかなければならない。

話を分業に進めよう。労働と市場と貨幣には、様々な組み合わせ方が成り立ち得る。どのような質の労働をどれだけ投入してモノをつくるのか。そうしてつくられたモノをどれほど市場に持ち込むのか。それらのモノを市場に持ち込むことで、人々はどれだけの貨幣を何のために手に入れようとするのか。その目的を達成するために、彼らはどこのどのような市場を自分たちの労働の成果の持ち込み先に選ぶのか。こうした組み合わせの妙の中から、分業の利益が生まれる。分業のよろしきを得れば、そのことが国富の増加につながる。このような脈絡の中で、スミス先生は労働価値説を構築し、市場の役割を考えた。そして、価値の表現手段としての貨幣の機能に思いを馳せた。

分業の効用を語るに当たって、先生はピンをつくる作業所の物語を語る（第一篇第一章）。『国富論』が示してくれる様々なイメージの中でも、つとに有名な「劇中劇」の一つである。

ところで、少々余談になるが、この物語の中のピンなるものがいかなるピンなのかということは、いまひとつよくわからない。何しろ十八世紀の話だし、先生がその仕様や姿形をあまりはっきりとは説明してくれていないので、どうも判然としないものが残る。頭がついているらしいから、待ち針のようなものか。あるいは、戦争ばかりしていた時代であるから、地図上に敵味方の位置を示すための虫ピンのようなものかもしれない。後世の皆さんが我々の『新・国富論』を読んで下さる場合にも、このようなことが起きるかもしれない。「スマホ」とは一体どのような形状のものか。そんなことで、読者たちが頭を悩ますのだろうか。それも困るが、かといって何世紀も先の人々のために脚注や補足説明を付していたのでは切りがない。スミス先生もこんなことで悩んだのだろうか。

正体はどうあれ、先生のピンの製造工程は、まず針金を引き伸ばすところから始まる。最終工程が、出来上がったピンを紙に包む段階だ。引き伸ばしから袋詰めまで、このピン製造プロセスは計一八工程に分かれている。スミス先生は、このピンを実際に製造する従業員数一〇人の工場を見学した。とても貧しい工場で、最低限の機械も揃っていなかった。だが、それでも、全員が精を出して働けば、中型のピンを一日当たり四万八〇〇〇本以上産出することに成功していた。一人当たりに換算すれば日に四八〇〇本である。なかなかの生産性だ。ところが、この同じ一〇人がそれぞれ一人で引き伸ばしから袋詰めまでの一八工程を処理しようとすれば、一人一日当たり四八〇〇本という生産性は間違いなく達成不可能だ。一人一日当たり二本がいいところだろう。へたをすれば、一本も完成出来なかったということになりかねない。

この話を読んでいて、筆者は自分の実体験を思い出してしまった。以前の職場で新入りの研究員だったころ、報告書づくりの流れ作業が日常茶飯事だった。今から一時間後までに一〇〇部完成！　その号令一下、コピーの作成・人間ソーター・ページ確認・ホチキス止め。必死の分業体制が一気に稼働する。人間ソーターは少々注釈を要する。その昔、コピー機には丁合《ちょうあい》機能がついていなかった。だから、長机の上に各ページのコピー一〇〇枚ずつを順に山盛りにする。各山から一枚ずつ、人間が紙を取って丁合しながら長机の前を行ったり来たりする。次々と出来上がる丁合済みのセットを、他の誰かたちが目にも止まらぬ速さでページ確認していく。確認済みのセットを、次の誰かたちが電光石火のホチキス止めだ。ホチキスには分厚すぎる報告書の場合は、クリップ止めだ。この力仕事で、両手の機能がおかしくなった。そんな名誉の負傷者もいたと記憶している。この華麗な分業ワークを一人一人が最初から最後までやっていたとしたら、一体どんなことになっていただろう。一時間後に果たして完成品が何部出来上がっていただろう。二〇部か、はたまた一部か。

たしかに、分業の威力は明らかにすごい。スミス先生が、分業こそ国富を増やす原動力だと考えたことは、大いに納得が行く。先生の例からも、筆者の例からも、ただちにわかる通り、分業は生産性を飛躍的に伸ばす。それはなぜか。先生がご指摘の通り、次の三つの効果が働くからである。①仕事が細分化されることで、個人の技能が向上する。②ひとつの作業から別の作業に移る際に生じる、時間のロスを省くことができる。③労働を容易にし、何人分もの仕事ができるようにする、新しい機械が発明される。誠にご明察だ。

市場は分業を進化させる

分業の効用を確立した上で、スミス先生はここに「市場」概念を導入した。分業と市場を結びつけると何が起きるか。それは分業の一段の高度化と生産性の一段の向上につながる。そうなれば、生み出される富はさらに大きくなるから、国々はますます豊かになることが出来る。先生の立論はこのように進んだ。

もとより、先生ご指摘の通りだ。広い市場を相手にすることになれば、ピン工場は生産量を増やさなければならない。研究機関も、お客様が増えれば作成すべき報告書の部数は増える。より大きな産出量をこなすには、分業は専門特化度を高め、より多様な形態を追求していかなければならない。生産工程は洗練度が高まり、スピードが速まり、精度が上がる。かくして、技術は発展し、雇用は増え、経済成長率が高まる。そして経済社会は全体としてより豊かになる。もし、市場が狭いままなら、分業もささやかなレベルに止まり、経済成長も早々に限界に達することとなってしまう。

このように考えを進めて行けば、それは自ずと次の発想の展開につながって行く。すなわち、市場は広ければ広いほどいいということになる。市場が広ければ広いほどいいなら、モノの流れに障壁を設けるのは愚行だ。

重商主義の発想にのっとって、自国市場の回りに輸入障壁を張り巡らせば、確かに国内市場は独り占め出来る。だが、自国がそれをやれば、必ず、他国も自己防衛で同じことをやる。すると、結局のところ、自国の産業や工場は自国市場相手にしか商売が出来ない。分業と量産のメリットを最大限に享受出来る道は封じられてしまう。こんなことをしていたのでは、国富はちっとも増えはしない。この実に美しい論理の流れによって、スミス先生は自由貿易の効用を説くにいたるのであった。地域限定・排他型の貿易協定に固執する今日の重商主義者たちに、時代を越えたアダム・スミスの声を聞いて欲しいものである。

ちなみに、我らが第三次グローバル化時代には、グローバル・サプライ・チェーンという名の究極の分業体制がある。この体制は、スミス先生のピン工場やシンクタンクの報告書作成作業とどこがどう違うか。どこがどう同じなのか。ヒト・モノ・カネが国境を越える時代の分業と、国境がヒト・モノ・カネの動きを限定する時代の分業とは、どのような関係にあるのか。これもまた、脳内メモに書き込んでおかなければいけないテーマだ。

人間は交換する動物だ

実をいえば、分業の概念は、スミス先生が発明者ではない。その発祥の地はなんと古代ギリシャなのである。

古代ギリシャの大哲学者、プラトンが『国家』という著作のなかで分業に言及している。プラトンいわく、国家形成の土台は、人間はそれぞれ欠けるところがあるので、それを補い合うことにある。最低でも、農民と建築家と織工と靴職人の四人がいなければ、国というものは成り立たない。プラトンはそのように説いている。「職種分業」の考え方である。異なる技能を持つ者たちが、それらの技能を持ち寄り、組み合わせることに首尾よく成功した時、そこに国家の基盤が出来上がる。そのような考え方だ。分業に着眼した先見性がさすがプラトン先生だ。だが、それはもとより、古代ギリシャの哲学者もまた「国家」というものの形成の論理から、分業の効用あるいは必要性を指摘しているのである。この点にも注目しておく必要があるだろう。今日のグローバル・サプライ・チェーンは、国民経済的な求心力との関係で、どのように位置づけられ、またいかなる効用をもっているのか。このような疑問にも思いが及ぶ。脳内メモが大忙しだ。

近代に入り、十七世紀のイギリスの思想家、サー・ウィリアム・ペティはオランダの造船所における分業に言及した。これはスミスのピン工場と同じく、工程分業に着目したものである。スミスの親友で、パトロン的存在でもあった哲学者のデビッド・ヒュームも、『人間本性論』（一七三九〜四〇年）において、「職業の分割」は人々が社会生活から得られる大きな利益だと言っている。

スミス先生もまた、こうして古代ギリシャに端を発した分業理論の系譜を踏んで物事を考えている。彼のピン工場は、工程分業の典型事例だ。だが、前述の通り、先生はそこにさらに市場の概念を持ち込んだ。そして、広域市場が分業の高度化をもたらすと主張した。ただ、実はそれだけではない。市場概念を導入することで、先生は分業を「交換」のモチーフと結びつけたのである。ピン工場の中で分業が進むのは、もっぱら、生産性向上動機による展開だ。そもそも、ピン屋さんがピン屋さんであることに特化するのは、生産性動機からばかりではない。そこには、交換動機というものが働いている。先生は、ここにも着眼したのである。

スミス先生は、交換動機を人間に備わる本源的な特性だと考えた。人々は交換したいから特化する。交換することを前提に一つの仕事に打ち込んでいく。たまたま、余りが出たから交換するわけではない。交換動機こそが、分業を生み出す本源的原動力だ。スミス先生は、基本的にこのように考えていた。交換動機に基づく分業は、工程分業とは違う。形としては職種分業と重なるが、そもそも、なぜ職種が分かれるかというところまで踏み込んで、スミス先生は分業というもののカラクリと背景に切り込んでいる。交換動機に基づく分業を、社会的分業という。人間生活に必要なさまざまな品物を、社会全体で分担して生産する。それが社会的分業である。社会的分業は、常に交換行為を前提としている。報告書作成流れ作業に従事する研究員たちは、お互いの成果物を相手と交換するということはない。丁合済みだがページ未確認の紙の山と、ページ確認終了済みの紙の山と交換しても、二人の作業者にとって何の意味もない。だが、ここで、もし丁合屋が、紙の数を数える時、指に塗るすべり止めの極上塗り薬を手元にもっていたらどうか。そして、かたや、ページ確認屋は、いかに長い長机の前をも、転ぶことなく滑ることなく、超高速で走り抜けられる極上のスニーカーをもっていたらどうだろう。明らかに、この両者の間には立派な社会的分業が成り立つことになる。

かくして、スミス先生は彼の時代にいたる分業理論の展開を踏まえつつ、大きく物事が変わろうとする第二次グローバル化時代の空気を吸い、その風を読みつつ、新たに考えるべきテーマを提示し、新たに動き始めている力学の解明に突き進んだ。我々もまた、先生に習って考えを進めていくことが必要だ。元祖『国富論』の教えを踏まえつつ、今日的「新・国富論」がどこに向かって踏み出して行くべきなのかを考えなければならない。

経済学者でなかった〝経済学の父〟

スミス先生のとっても面白いところは、世に〝経済学の生みの親〟として知られながら、実を言えばご本人が経済学者ではなかったという点だ。

もっとも、良く考えてみればこれは当然の話だ。生みの親の前に生みの親なし。先生が経済学を確立するまで、経済学はなかったのである。したがって、先生が経済学を生み出さない時点で先生が経済学者であるはずはない。そうだったとすれば、そこには明らかな論理矛盾がある。先生を〝経済学の生みの親〟と呼べるためには、先生が当初から経済学者だったということではいけないのである。

然らば、先生は何者だったのか。先生が説く分業の世界は専門特化の世界だ。だが、先生自身の世界はそうではなかった。哲学者にして倫理学者。政治学者であるとともに法学者。思想家であると同時に文学者。全てを独りで賄ってしまうスーパー論客だったのである。十九世紀までの世界には、このような人が多かった。考える人は全てのことを考える。語り部は全てを語る。分析家は全てを分析する。それが当たり前の世界であった。今でも、本当はそうあるべきなのだと思う。あまりにも細分化された学問的分業は、人々を視野狭窄な専門バカにする。我々は、もう少しスコープの広い知的世界を取り戻す必要がある。さもなくば、この複雑怪奇なグローバル時代を謎解き出来るはずがない。スコープの広さにおいて、スミス先生は当時の典型的な英知のかたまり人間だったといえるだろう。

そんなスミス先生について、是非、付言しておかなければいけないことが一つある。それは、彼がスコットランド人だったということである。一七二三年、エディンバラの対岸のカーコーディという町に生まれ、人生のほとんどをスコットランドで過ごした。父は彼が生まれる直前に亡くなっている。先生は生涯独身を通し、最愛の母と従姉と暮らしていた。「スコットランド啓蒙運動」の大いなる知的一角を形成した人物でもある。

スコットランド人とイングランド人は基本的に仲が悪い。イギリスの北部を占めるスコットランドは、英国史のなかで、イングランドとの攻防を繰り返し、虐《しいた》げられ続けてきた。一七〇七年に大英帝国（グレート・ブリテン）に〝合併〟されて今日にいたる。だが、その民族自決の思いは消えていない。いまだに、サッカーの試合でイングランドとブラジルが対戦すれば、スコットランド人はまずブラジルを応援する。いみじくも、向こう数年間の間にスコットランドは対英独立の是非に関して住民投票を実施することになっている。

スコットランド魂は果敢にして頑なだ。勇猛であり、熱血的だ。だが、同時に極めて現実的で質実剛健だ。華やかなもの、ちゃらちゃらしたものに対して、強い懐疑の眼差しを投げかける。大言壮語の背後にある真実を見抜こうとする。口先の器用さに対して、深い疑いの思いを抱く。

このようなスコットランド人の心意気が、『国富論』の随所にも滲み出ているといえるだろう。華麗な言い回しで、読者をけむに巻くようなことはしない。高飛車なお説教口調も使うことはない。あくまでも現実的で分析的だ。

知性の広がりはグローバル。されど魂はあくまでもローカルなり。それがスミス先生の人物像だったといっていいだろう。そうであるとすれば、彼は我々のグローバル時代に出現されても、何の苦も無く時の論客となるに違いない。なぜなら、独自のローカル性を持たないものは、グローバル世間を首尾よく渡れない。独自のローカル性が確立しているからこそ、グローバルなステージで輝くことが出来る。前章で考えた通り、地球の時代は地域の時代である。スコットランド人としての色濃いローカル性を有しているスミス先生は、実に我々のグローバル時代と相性がいいだろうと思う。ただ、その彼もまた時代の落とし子でもある。国民国家の時代の人だ。そのことが、国境無き時代を見る彼の目をどう規定することになるのだろう。何とかして、時の壁を越えて我々の中にご出現頂きたいものである。

モノの動きは「見えざる手」に委ねよう

かりに、本当に先生が我々のただなかにお出まし下さったとしよう。その時、誰もが彼に向かって話題にするのが、例の「見えざる手」のテーマだろう。それはゴッド・ハンドか、マジック・ハンドか。救いの手なのか。鉄槌か。グローバル時代においてもなお、「見えざる手」はその霊験を保持しているのか。こんな具合に、「見えざる手」を巡るありとあらゆる質問が先生めがけて投げかけられることになるだろう。

それに対して、先生は何と答えられるだろうか。まず、「ほかに質問することないの?」

とおっしゃるかもしれない。あんなにたくさん、バラエティーに富んだテーマを扱っているのに、後世まで生命力を維持したのは「見えざる手」だけなのか。ほかの話はもうみんな賞味期限切れなのか。そんな具合に慨嘆されるかもしれない。

そうだとすれば、その気持ちは理解出来る。何しろ、この「見えざる手」という言葉は、あの大著の中にたった一回しか登場しないのである。その箇所は次の通りだ。

「かれ（個人）は一般に公共の利益を推進しようと意図しているわけでも、自分が公共の利益をどれほど推進しているかを承知しているわけでもない。外国の産業より国内の産業を支持するのは、ただ自身の安全を意図してのことである。生産物が最大限の価値を生み出すよう産業を方向づけるのも、ただ自身の利得のためだけである。だがこのばあいも、他の多くのばあいと同じように、**見えざる手**に導かれて、自分では意図しなかった目的を推進することになる。かれがそれを意図していなかったことは、意図しているときに比べて、必ずしも社会にとって悪いことではない。かれが自分の利益を追求するほうが、それを促進しようと意図する場合よりも、しばしば効果的に社会の利益を促進する」（第四篇第二章、筆者訳、太字筆者）

「見える手」こそお邪魔虫

そもそも、先生はなぜ、「見えざる手」の機能に着目したのか。それは、要するに「見える手」の存在が気になったからなのではないかと思う。権力という名の「見える手」である。王権といいかえてもいいかもしれない。王国支配の拡大のために、ヒトもモノもカネも振り回される。「見える手」がそれらの行く先を決める。そもそも、重商主義の発想が「見える手」そのものだ。誰とどこまで取り引きするか。誰を締め出すか。お墨付きを、誰に与えるのが得策か。それが王の裁量で定められていく。十八世紀は、十六〜十七世紀からそのような強権的予定調和の世界を引き継いだ。「見えざる手」の主張は、そのような軛《くびき》から国々を解放しようとするスコットランド啓蒙主義者の魂の叫びだったのではなかろうか。

ちなみに、「見えざる手」はあくまでも「見えざる手」だ。〝神の〟「見えざる手」ではない。〝市場の〟「見えざる手」でもない。それらの枕詞は、いずれも後世の人々が付け加えたものだ。思えば、神様にしろ市場にしろ、それが誰かの手である限りにおいて、結局のところ、それは「見える手」になってしまう。そうではない。何人も何物も作為や恣意や裁量を施さないのに、「社会の利益」が促進される。だからすごいではないか。だからこそ、見えてる手は無用だ。それがスミス先生の思いだったのではないか。そうであるとすれば、何でもない単なる「見えざる手」の表現が実に絶妙だ。ここは、そうとしか言いようがない。他の言い方は有り得なかった。実に納得のいく言葉使いだ。「神の」をつけないというこの発想こそ、先生に対する神様のお導きだったかとも思う。

ここで、「見えざる手」の世界には驚くべき特徴があることに思いが及ぶ。そこは、いわば「合成の勝利」の世界だ。皆さんは、「合成の誤謬《ごびゅう》」の世界を良くご存知だろう。誰もが皆、個別的に見れば正しい選択をしているのに、その個別的には正しい解答を誰もが選択する結果、全体としては極めて不合理で不正解な結果に至ってしまう。この現象を「合成の誤謬」という。

ところが、「見えざる手」がもたらす結果はその逆だ。個別的にみれば、明らかに自分のことしか考えていない身勝手な選択をしている。公共の利益のことなど、誰も考えてはいない。ところが、結果的には最善のところに物事が落ち着いて行く。何はともあれ結果よし。いささか危ういが、そのような力学の存在を見極めたスミス先生の眼力は、やっぱりさすがだ。もとより、この「合成の勝利」の世界が絶対不可謬のパーフェクト・ワールドだとは限らない。スミス先生もそうは考えていなかったかもしれない。そこがポイントなわけではない。ポイントは、「見える手」の不可謬性に対して、疑念を呈することになった。そういうことだったろう。

ただ、グローバル時代に出現したスミス先生は、結局のところ、「見えざる手」の今日的効力について大いなるショックを受けることになるかもしれない。ヒト・モノ・カネが国境を越える時代には、かつての「合成の勝利」が結局は「合成の誤謬」に転化してしまう。そういうことであるかもしれないのである。だが、ここでこの話に踏み込むのは時期尚早だ。それは次章以降のテーマとしよう。まずは、権力の「見える手」の向こう側に「見えざる手」の合理性を見出したことについて、スミス先生に改めて敬意を表しよう。

ヒトに優しい『国富論』

「見えざる手」へのお任せ主義は、すなわち市場礼賛主義なのか。そのような感覚で、スミス先生を元祖市場原理主義者のように見る向きもある。だが、これは違うだろう。前述の通り、先生はあくまでも「見えざる手」の効能を指摘したのであって、市場が不可謬だと言ったわけではない。さらにいえば、『国富論』の執筆に先だって、先生は『道徳感情論』を出版している。一七五九年のことだ。その中では、人間は利己的な生き物だが、それにもかかわらず、本源的には他者への共感を持ちうる存在なのだと説いている。スミス先生がいう市場は、そのような他者の痛みがわかる人々によって構成されているのである。そのような市場が、市場原理主義的な弱肉強食ばかりによって支配されているはずはない。血もあり涙もある市場であるはずだ。スミス先生は、前述のように哲学や倫理学、法学、文学等々、幅広く人の営みに関わる領域で思索を重ねていた。そのような人が打ち立てる理論の中で、弱い者いじめ的淘汰の論理が無条件で正当化されたり、そこにしか合理的解答がないと決めつけられるとは、甚だ考えにくい。

そのような観点から考えた時、注目されるのが、分業社会の問題点に関する先生の指摘だ。国家財政の役割を論じた第五篇の第一章の中で、先生は分業の発達に伴う人間の知性の退化について、警告を発しているのである。その趣旨はおよそ以下の通りだ。

分業が進めば進むほど、大多数の国民は特定の単純作業にばかり従事することとなりがちだ。来る日も来る日も、同じことの繰り返し。マニュアル通りの作業だから、創意工夫を発揮する余地はまるでない。かくして、流れ作業の歯車と化した人間は、次第に思考停止状態に陥っていく。格調高い発想や高邁な議論などからは、およそ縁遠い精神が定着してしまう。そのような状態に陥った人間は、自国の利害を巡る判断や意思決定など、もとより、全く出来ない。多少とも知的な会話に従事することも不可能になる。他者に対する寛容や優しさも、やがて忘れる。一朝有事に、お国のために立ち上がる気力などというものも、失せてしまう。

このような問題意識に基づいて、先生は近代国家における大衆教育の重要性を説いている。これは驚くべき慧眼だ。分業の効用を力説しながら、一方でその発達がもたらす社会的退行についても、目配りがしっかり利いているのである。人間を知的マヒ状態に追い込む分業の怖さ。それをいち早く見抜いていた先生の感受性には、大いに敬意を表すべきだろう。

ちなみに、このテーマとの関わりで、先生は未開社会の思わぬ利点にも言及している。原始的な社会においては、誰もが何でも自分でやっていた。ありとあらゆる不測の事態に対して、誰もが臨機応変の対応を迫られた。したがって、当時の人間たちはマルチタスクの処理力とリスクへの対応力が飛び切りすぐれていたというのである。それに引き替え、近代人はどうか。工業化と機械化を背景に、お膳立ての行き届いた作業環境の中で決められたことばかりやっている。反応が鈍くて、適応力がない。

『国富論』のこの辺りを読んでいると、これは、今の日本の話じゃないかと思われて来る。

若者たちは草食化し、無感動になり、行動力が失せている。マニュアル慣れしていて、応用力がない。若者のみならず、誰もが想定外を大の苦手とするようになってしまった。選択と集中ばかりが流行るから、視野狭窄と大局観の欠如がやたらとはびこる。スミス先生が生み落としてくれた経済学の世界においても然りだ。分業が進み過ぎて、人間の営みとしての経済活動を総体として見る視野が失われてしまった。むろん、これは日本だけの話ではない。

かくして、分業に裏打ちされた市場経済の発達がいかなる社会の形成につながり、そこにいかなる問題があるかということについて、『国富論』はまさしく時代を越えた警鐘を鳴り響かせている。さらには、そのような諸問題に対して、国の政策がどのように対処すべきかについても、じっくり論じている。

我々の第三次グローバル化時代は、究極の分業時代だといってもいい。そのことがグローバル時代の人間社会を破壊しないために、そして、極限的な人間疎外をもたらさないために、国境無き時代の国々は何をすべきなのか。何が出来るのか。何が出来なくなっているのか。これらのことを見極めていく上で、第二次グローバル化時代の大論客の言葉の数々は、実に珠玉にして貴重である。

貨幣——貯めるためではなく、使うためにある

さて、ここでカネの世界に踏み込むこととしよう。『国富論』の体系の中において、貨幣はどのような位置づけを占めているのか。

答えは簡単だ。カネは使うためにある。それが『国富論』のメッセージである。ヒトがモノをつくる。諸々のモノが市場に持ち寄られて交換される。この交換を媒介する手段がカネである。カネがなくても、交換は可能だ。だが、効率が悪い。モノとモノとの直接交換だと、全ての市場参加者が欲しい物を手に入れるまでに、何回も交換を繰り返さなければならなかったりする。そこへいくと、誰もがカネをもっていれば、実に簡単に、納得が行く形で取引が決着する。カネは、市場参加者たちにとって共通の価値尺度であり、共通の交換手段だ。そのように誰もが認知する媒介手段が、カネなのである。交換動機の分業も、カネがなければなかなかスムーズには進行しない。

もとより、今の世の中において以上のようなことはイロハ中のイロハである。何を今さらという感じだ。だが、ここで思い出して頂きたい。スミス先生は経済学の生みの親なのである。彼の前に、イロハは無かった。先生の洞察によって、初めて経済学のイロハが確立されたのである。実際問題として、以上のようなカネの定義は、当時の人々にとって相

当に違和感のあるものだったに違いない。何しろ、前述の通り、『国富論』の刊行当時は、まだまだ重商主義が支配的な考え方だったのである。重商主義的見地からいえば、カネはもっぱら貯めるものだった。略奪でも何でもして手に入れる。手に入れれば、後生大事に保蔵する。それが当時の「カネ観」だったのである。ところが、スミス先生は、カネは使わなければ意味がないという。カネにカネ自体として価値はない。カネには、モノが買えるから価値がある。そして、モノの価値はその生産に投じられた労働の量によって決まる。労働はヒトによって行なわれる。かくして、「ヒトあってのモノ。そしてモノあってのカネ」という公式が出来上がる。驚くなかれ、一番重要なのはヒトなのである。重商主義でもない。重農主義でもない。重人主義だ。

重商主義者たちは、なぜ、カネを貯めこみたがったか。権力誇示のため。一朝有事のため。実際的な理由は様々考えられる。だが、それらとはやや肌合いの異なる要因もあるだろう。それは、当時の貨幣がまだまだ基本的に金属貨幣だったということである。金貨や銀貨、あるいは金地金に裏打ちされた金証券。それが当時のカネだった。今のような紙切れではない。その意味で、人々がカネそのものに文字通り金銀財宝的な価値を見いだしても、無理はなかった。宝物なら、たくさん欲しいし、手放したくない。今の一万円札に、それ自体として一万円の価値はない。一万円のモノが買えるから、一万円と見なしているだけのことだ。これもまた、いまや当たり前の共通認識だ。だが、そのような約束事が確立していなかった時、金＝カネが本当に金＝キンだった時、スミス先生は交換手段としてのカネの役割を見抜いていたのである。貨幣の価値がその原材料の価値にあるかに思われていた時代に、スミス先生は、あそこまで抽象化したレベルで貨幣の価値を見透かしていた。大先生は、やっぱりすごい。

独り占めと出し惜しみの行き着く先

重商主義とは、要するに独り占めと出し惜しみの論理だ。富を独占し、決して誰とも分かち合わない。これが重商主義者たちの理想郷だ。だが、このやり方は、結局のところ、やがて自滅につながる。スミス先生は、この点も見抜いていた。

世界中の富をかき集め尽くして独り占めにしてしまったら、そこから先に発展の余地はなくなる。自分が独占した富を出し惜しみしていれば、自分以外の人々は経済活動が立ち行かなくなる。経済活動が立ち行かない者たちに包囲されてしまったら、最終的に自分の経済活動も立ち行かなくなる。経済活動はあくまでも相身互いだ。相手にカネを使って欲しいなら、自分もカネを使わなければならない。より大いなる富を確保しようと思えば、相手にも富を蓄積してもらわなければいけない。たった一人の勝利者となった時、全てが終わる。これが独占の怖さだ。強すぎる剣豪は腕が鈍る。強すぎる野球チームは観客動員率低下で墓穴を掘る。独占企業は腐敗と堕落と無駄遣いの中で倒産する。世の中、そういうものだ。

これらのことを見透かしたスミス先生の目は、次第にヨーロッパ諸国の植民地経営へと注がれていった。ヨーロッパ諸国の植民地政策は、元はといえば、新大陸アメリカに金鉱山を発見することが目的だった。スペイン、ポルトガルが端緒を開き、イギリス、フランス、オランダがあとに続いた。しかし、金鉱山の発見にはいたらず、ヨーロッパ諸国の関心は、そのプロセスで形成した植民地からの略奪と搾取に転じていった。

金や銀の山を探し求めたのも愚行なら、植民地となった国の先住民たちから、土地を取り上げたのも愚かしい行為だったと、『国富論』は糾弾している。

当時のイギリスは、つねに何らかの戦争状態にあった。フランスとの戦争やスペインとの戦争は、どれも植民地貿易の独占権を争っての戦いだった。この頃、イギリスの国庫から出て行く金のほとんどが、戦費だったのである。そのカネを調達するための国債発行も膨大な額に達した。それにつき合わされるイギリスの納税者たちに対して、スミス先生は同情することしきりであった。こんな浪費に黙々とよくお付き合いしている。このような国民の謹厳実直さが、浪費癖著しい国家を支えている。そのように彼は驚嘆し、慨嘆している。この辺もまた、今の日本の事だと錯覚しそうだ。

戦争ともなれば、労働者という生産的な人々を、戦争という非生産部門に回さなければならない。また、平時においても、軍事施設の維持に際限なく金が出て行ってしまう。もし、こうした無駄な出費がなかったならば、諸国民の富はもっともっと増殖しているはずだ。それがスミス先生の思いだったのである。

『国富論』の最終部分で、スミス先生はイギリス政府にアメリカの植民地化を止めてはいかがと提案している。領土を拡張することが、応分の富を生み出さず、その維持コストだけがかさむなら、そんなに馬鹿げた無駄はない。それがスミス先生の指摘である。損得勘定から、植民地経営の是非を判断している。さすがは経済学の生みの親である。

諸国民を魅了したベストセラー

一七七六年三月に刊行されるや、『国富論』はたちまちベストセラーになった。初版の一〇〇〇部は、わずか半年で売り切れたという。同じ年から刊行された、歴史家ギボンの話題の大作、『ローマ帝国衰亡史』に匹敵する売れ行きだった。

本の長さと内容の七面倒くささを考えれば、これは実に驚くべき快挙だったといえるだろう。先生の筆力のおかげか。それこそ諸国民の意識の高さの産物か。タイトルの勝利か。要因は様々あるだろう。だが、何といっても、やはりタイムリーな刊行だったことが最大の理由だろう。世界が『国富論』の出現を待ちわびていた。『国富論』が刊行されたことで、世界がそのことに気がついた。そのような状況だったに違いない。皆さんもご経験がおありだろう。本屋さんの店頭で、ある本が目につく。タイトルを見たとたん、あ、これを待っていたんだな、と思う。書かれて然るべき本だ。強くそのように感じる。そのような本はたちどころにベストセラーになる。本書もスミス先生にあやかりたいものだが、これは余談だ。

実際に、『国富論』の売れ方には誰もが瞠目したらしい。スミス先生の畏友であり、自身もスコットランド啓蒙運動の立役者だったデビッド・ヒュームが、「この本がそんなに売れるとは驚異的だ」と版元と一緒になって驚いたという記録が残っている。国々の議会でも、『国富論』の様々な提言が議論の対象になった。今、『国富論』を読んでなきゃヒトじゃない。もう『国富論』読んだ？　そのような雰囲気だったのだろう。

二年後に第二版が出た後もさらに版を重ね、一七九〇年にスミス先生が亡くなるまでの間に、第五版まで刊行された。前述したとおり、時代の情勢に合わせて、先生は最後まで加筆修正を重ねた。そして、一七八三年には、ついにイギリスがアメリカの独立を承認する場面を見届けたのであった。また、イギリスでの出版直後からドイツ語、フランス語、デンマーク語、イタリア語に翻訳され、一七八九年には最初のアメリカ版が出版されている。チャイコフスキーのオペラの原作になったロシアのプーシキンの小説『エフゲニー・オネーギン』のなかにも、『国富論』への言及がある。

時代が『国富論』を求めていた。だから、『国富論』が書かれた。時代が経済学の生みの親を求めていた。だから、スミス先生がその役割を果たした。そういうことだったのだと思う。第二次グローバル化時代に足を踏み込んでいく中で、人々は時代の風を読み取る風向計を欲しがっていた。意識的か無意識のうちにか、いずれにせよ、新たな時代を適確に捉え、評価する新たな分析の体系に飢えていた。その飢餓感に、『国富論』が応えた。だからこそ、人々は『国富論』をむさぼり読んだ。その光景が目に浮かぶ。

そして今、第三次グローバル化のただなかを行く我々は、実に強く新たな知恵の体系を必要としている。国境無き時代の諸国民にとって、富はいかなる性質のもので、いかなる原因を背景に形成されていくべきものなのか。ここで改めて思う。スミス先生は「諸国民の富」と言っている。「諸国家の富」とは決して言っていない。その意味で、『国富論』という表現そのものに、少々問題があるかもしれない。そのような認識を頭の片隅に置きつつ、次のステップに進もう。頭の中は、それなりに『国富論』モードになった。この感触を大事にしながら、再び今の世界に戻って行こう。スミス先生の「見えざる啓示」に期待しつつ。

第三章　グローバル市場における分業

1. グローバル経済を理解するための新しい思考法

グローバル市場は国際市場にあらず

一七七六年から二〇一二年に舞い戻って来た。二百四十年近くもの歳月を隔てた世界に行って戻ると、故郷はどんな風に見えるか。

あまりにもインパクトがあり過ぎて、遠きにありて思うに止めたい感じもする。だが、そんな風に怯んでいてはいけない。「新・国富論」に挑もうとする者が、そのような根性では話にならない。我々には、「見えざる啓示」のスミス先生がついているのである。十八世紀から遠路はるばる二十一世紀までご同行頂いてしまって申し訳ないことだ。だが、何しろあの巨大本を書き上げる気力・体力の充実振りである。この程度のタイム・トラベルは、朝飯前だろう。

さて、まずは我々が生きる第三次グローバル化時代の市場に着目しよう。『国富論』モードになった眼で見ると、そこはどんな場所に見えるか。

端的にいって、今の市場はグローバル市場だ。この言い方は、いかにも何も言っていないのと同じであるように聞こえる。だが、そうではない。スミス先生の第二次グローバル化時代において、市場はグローバル化していなかった。『国富論』の時代の市場は第一に国内市場であり、そして第二に国際市場であった。同じグローバル化でも、第二次と第三次では、ここが大きく違う。

『国富論』が取り扱っている時代の初期の段階では、そもそも、国内市場の概念さえ充分に確立していたとはいえない。今でこそ、我々は「日本市場」とか「アメリカ市場」について語る。だが、あの頃の人々の多くはそのようなイメージで市場を考えていなかった。せいぜい、村の市場や町の市場のことしか彼らの頭の中にはなかった。そのような地域限定市場が国々の中に点在している。そのような状況だった。それらの点と点の間を、馬車や荷車、そして次第に船や列車という名の線が結びつけていく。こうして、徐々に広域的な国内市場というものが出来上がっていった。それがあの時代における市場形成の第一ステップだった。第二ステップが、国際市場の形成期だ。国内市場と国内市場の間を、海路で結ぶ段階に入った。船に乗って、交易が国境を越えたのである。

ちなみに、『国富論』の刊行当時においても、海上輸送の手段はもっぱら帆船だった。前述の通り、第二次グローバル化時代の基幹技術は蒸気だったが、それが海運に本格的に応用されるようになったのは、実は十九世紀に入ってからのことである。何しろ、人類と帆船の付き合いは長い。およそ四千年前から、帆船に乗っている。十八世紀の段階でも、既に相当に年季の入った技術だった。そのため、新手のハイテクへの乗り換えが遅れた。

くしくも、『国富論』刊行年の一七七六年には、かのジェームズ・クック船長が帆船HMSレゾリューション号に乗り込んで、航海に出ている。旅の目的は、太平洋と大西洋を結ぶ北極海上の北西航路の発見である。気の遠くなるような距離と試練の旅路だ。それを帆船に託したのである。それだけ、確立した技術だったわけだ。海の男たちが、そう簡単にこの技術を手放したがらなかったのも、全く無理はない。この辺りが技術革新を巡る攻防流転の面白いところだ。

帆船が当初の架け橋となった国際市場は、二十世紀に入って飛躍的な拡大を遂げることになった。だが、それでもなお、今日のグローバル市場とは性格が異なる。国際市場は、多数の国内市場によって構成されている。アメリカ市場や日本市場やイギリス市場等々の集合体である。そのような状態だったから、かつては、「日本製品がアメリカ市場を席巻！」などという見出しが新聞紙上を賑わせた。ところが、今は違う。グローバル市場は単一市場だ。アメリカも日本もない。グローバル市場という巨大な一つの市場に向かってモノが供給されていく。

しかも、そうしたグローバル市場に運び込まれるモノの数々は、一つの国の中で最初から最後までつくられたモノだとは限らない。むしろ、そのようなケースは次第にまれになっているといえるだろう。今日において、一つの製品が完成品となるまでには、実に細分化されたいわゆるグローバル・サプライ・チェーンの中を旅する。旅の途上で部品が付け加わったり、加工度が高まったりしていく。そのようにして、多数の作り手の手を経て一つの巨大なグローバル市場へとモノが供給されていくのである。そこにあるのは、『国富論』の時代とは途方もなく様相の異なる分業の構図だ。この点については、後節でもう一息踏み込んで考えてみたい。

いみじくも、スミス先生いわく、分業の発達度は市場の広さに制約される。

誠に然りだ。

『国富論』の中で指摘されている通り、それこそ国内市場が確立する以前の村社会においては、分業を要するほど、特定の物資に対する需要量がまとまらない。前章のシンクタンクにおける報告書づくりと同じことだ。二〇〇ページの報告書を二〇〇部作成するとなると、分業なくしては納期を守れない。だが、一〇ページの報告書を三部つくるだけの話なら、一人で最初から最後まで作業した方が手っ取り早い。人間ソーターたちが何人も長机の周りを駆けずり回ることはないのである。

だが、これがグローバル市場となると、全くスケールが違って来る。分業の効用はほとんど無限大だ。みんなで手分けして頑張らなければならない。だからこそ、グローバル・サプライ・チェーンというものが出来上がっていくのである。その姿を見て、タイムスリップして来て頂いたスミス先生は大いに力強くうなずくことだろう。これぞ、自分が第一篇第三章（「分業は市場の広がりによって制約される」）で言っていたことではないか、と胸を張るに違いない。帆船に代わって飛行機がモノを運ぶ時代を目の当たりにしても、グローバル・サプライ・チェーンなる耳慣れない用語を突きつけられても、分業の力学をとことん解明しつくしている大先生は、多少なりともたじろぐことはないのである。

一方、先生の慧眼を持ち合わせていない我々は、もしかするとグローバル市場の基本特性について大いなる誤解を抱き込んでしまっているかもしれない。その誤解とは、グローバル市場が究極の国際市場だというイメージである。市場の国際化をひたすら積み重ねて行くと、グローバル市場に到達するという発想だ。ここまで我々が考えて来た筋道によれば、これは明らかに違う。前述の通り、国際市場は多数の国内市場の集合体だ。これに対して、グローバル市場は継ぎ目なき巨大単一市場だ。前者の集積が後者になるはずがない。

それにもかかわらず、グローバル市場もまた無数の国内市場で成り立っていると誤解したままで行ってしまうと、次におのずともう一つの誤解を犯すことになる。その第二の誤解とは、グローバル市場が国際市場と同じ原理にしたがって動く市場だと思い込むことだ。そしてさらに、グローバル市場が国際市場の巨大バージョンである以上、その同じ原理の効き具合も、国際市場の場合よりもはるかに大きいと思ってしまうことである。

タイの大洪水によって垣間見えたグローバル市場の姿

国際市場の基本原理とは何か。

それは、国と国との間の経済的競争の原理だ。

だからこそ、我々は「国際競争力」という言葉を使ってきた。一つの製品を、どの国の産業がより上手く作り上げることが出来るか。より安く。より高品質に。より魅力的に。

そのような競争の中で、一九六〇年代から一九八〇年代にかけて、日本は追随を許さないパワーを発揮してみせた。日本製の繊維製品、鉄鋼、自動車、そしてカラー・テレビ。メイド・イン・ジャパンのグッズが、多くの国々の国内市場に満ち溢れた。そして、それらのメイド・イン・ジャパンのアイテムたちは、いずれも最初から最後まで日本でつくられたものだった。純正日本製の部品を組み合わせることによって、純正日本製の完成品が日本国内で出来上がり、それがアメリカや欧州諸国の国内市場向けに大量出荷されていく。日本製品の国際競争力は突出していた。それが国際市場の姿であった。

だが、グローバル市場の姿は違う。市場は一つ。生産者は多数だ。そして生産者の国籍と立地は多数だ。グローバル・サプライ・チェーンは支え合いの構造物だ。大きい者にも小さい者にも、位置づけがある。最強の者も、吹けば飛ぶように小さく弱々しい者の助けを得なければ、目的を達成することは出来ない。

二〇一一年八月、タイを大洪水が襲った。まだ皆さんのご記憶にも新しいところだろう。そのおかげで、タイ国内に生産拠点を置くメーカーからのハードディスクドライブ（HDD）の供給がストップした。そのため、アメリカのアップル社をはじめ、世界中のコンピュータ企業が減産に追い込まれた。

東日本大震災の時には、被災地の工場で行われていた電子部品やゴム・塗料の製造が止まった。そのため、一台の自動車を組み立てるために必要な二〜三万点の部品のうち、一五〇〇点に深刻な供給不足が生じたという。そのため、スペインで自動車工場が減産に追い込まれた。

かくして、二つの大きな災害が我々にグローバル市場の性格を実に鮮烈な形で示してくれた。分業は市場によって制約される。全くその通りだ。そして、今や、市場の広がりに限界はなくなっている。全地球が市場と化している。したがって、今や、分業に制約はない。いかに制約がなくなっているかを、巨大で複雑で微細なグローバル・サプライ・チェーンの驚くべき姿が我々に見せてくれている。

この姿をスミス先生にお見せ出来てよかった。このためなら、超遠距離のタイム・トラベルに先生を引きずり出したことも許されると思う。先生に多少ともエキサイトして頂けていれば実に幸いだ。だが、実をいえば、先生にご同行願っているのは、先生を喜ばせたいがためばかりではない。我々がとんでもない間違いを犯さないために、先生にそばについていて頂く必要がある。グローバル市場と国際市場はどこがどう違うか。経済学の生みの親には、それが直ちに見抜ける。国民国家ベースの富の性格と要因を知り尽くしたスミス先生だからこそ、国境無きグローバル時代の真相がすぐわかる。

だが、我々はそうはいかない。どうしても、国際市場時代の常識でグローバル市場の実態を語り、整理し、答えを出そうとしてしまう。その誤謬に我々が陥ろうとする時、かたわらにいてくれる先生の存在が心強い。心強いというよりは、命拾いにつながると言った方がいいだろう。嫌だといわれても、本書の完結まで先生にはお付き合い頂かないといけない。強制連行である。

2. 国破れて企業あり、企業栄えて国滅ぶ

「解体の誤謬」という最大の問題

前章の中で、スミス先生の次の言葉を『国富論』の中から引用した。今一度、ご確認いただきたい。

「かれ(個人)は一般に公共の利益を推進しようと意図しているわけでも、自分が公共の利益をどれほど推進しているかを承知しているわけでもない。外国の産業より**国内の産業**を支持するのは、ただ自身の安全を意図してのことである。生産物が最大限の価値を生み出すよう産業を方向づけるのも、ただ自身の利得のためだけである。だがこのばあいも、他の多くのばあいと同じように、見えざる手に導かれて、自分では意図しなかった目的を推進することになる。(……)かれが自分の利益を追求するほうが、それを促進しようと意図する場合よりも、しばしば効果的に社会の利益を促進する」(第四篇第二章、筆者訳、太字筆者)

前述の通り、これは国家や政府の「見える手」に対するスミス先生の糾弾と警告の言葉

だったと考えられる。当時において、どれほど革新的で重要で、物議を醸す提言だったことかと思う。

企業とは何か。それはすなわち、収益性と継続性を追求する存在だ。企業はただひたすら、この二つを追求する。むろん、お国のためとか、世のため人のために企業が動くことはある。だが、多くの企業はそのような社会的モチベーションがなくても動く。そのようなモチベーションのためだけに動く企業は限りなく少数だろう。やはり、何と言っても、企業は儲かることと生き残ることが信条だ。そして、スミス先生によれば、企業が大好きなこの二つを一心不乱に追い求めれば追い求めるほど、彼らは「公共の利益」を促進する役割を果たすことになるというのである。

さて、果たして今日においてはどうか。この点が本節のテーマだ。

今なお、相変わらず企業は儲けと存続のモチベーションに駆り立てられてひた走る。それは、『国富論』の時代も今も変わらない。だが、今の世の中において、この企業行動はどこまで公共の利益の増進につながっているといえるか。

第三次グローバル化時代の企業はグローバルに経営を展開する。グローバル市場でモノを売る。グローバル金融の力を借りてカネを手に入れる。グローバルな視野でヒト探しを行なう。そうした行動を通じて、確かに、企業はグローバルなスケールでの公共の利益の増進をもたらしているとは言えそうである。国境に制約されることのない市場の広がりと、国境を越えた企業の収益性と継続性の追求は、明らかに、かつてなく大いなる富を生み出している。そこには、地球規模での全体最適の姿がある。「国富論」ならぬ「全富論」の世界だ。

だが、全富論であれば、国富論でもあるのか。

全体最適が満たされていれば、自ずと、部分最適も満たされると考えていいのか。

明らかに、そうではない。第三次グローバル化時代の経済風景は、全体最適が部分最適を保障するわけではないことを物語っている。なぜなら、モノづくりが国境を越えれば、工場に出て行かれた国の雇用は減り、地域経済は疲弊し、技術は風化する。カネが国境を越えれば、国々が抱え込む潜在的な金融リスクは高まる。ヒトが国境を越えれば、人材流出に伴う知的劣化や、人材流入に伴う雇用機会の奪い合いが深刻化する。地球経済的大ドンブリ勘定のレベルでの効用の高まりは、決して国々という個々の小ドンブリのレベルでの効用の高まりを自ずと意味するわけではないのである。

この関係を何と名づけるか。これは、いわば「解体の誤謬」と言うべきものだろう。全体として見れば、大正解。だが、その全体のパーツ・パーツにズームインすると、そのレベルでは、雇用の空洞化や技術の喪失という大不正解が発生している。全体は天国、個別は地獄。合成体の世界に微笑と歓声あり。解体してみた部分の世界には、嘆きと歯噛みあり。地球は一つ、されど国々は多数。この構図の中にあっては、この解体の誤謬問題こそが、最大の難点なのではないか。ここにこそ、「新・国富論」が取り組むべき最大の課題がある。そういうことではないのか。この課題に我々はどう応えればいいのか。

『国富論』は国民経済を前提としていた

これらのことに思いを馳せながら、隣にいるスミス先生の表情を横目でうかがう。すると、何やら、ニンマリしておいでになる。先生には、むろんのこと、すでに答えが見えておいでなのだろう。だが、教えてくれる気配はない。そこまで考え進んで来たのなら、自力で最後まで行ってご覧。そう言いたいのだろう。ごもっとも。

思えば、かつて筆者は「ユニクロ栄えて国滅ぶ」というタイトルで「文藝春秋」(二〇〇九年十月号)に寄稿させて頂いたことがある。ユニクロ社には、別段、なんの恨みもつらみもありはしない。それは今もあの時も変わらない。ユニクロ社に亡国的野望があるなど微塵も考えているわけではない。ただ単に、現象に着目しているだけである。『国富論』の世界においては、企業による合理性の追求が、国々における公共の利益の増進をもたらした。だが、今日の経済環境の中にあっては、国々の集合体としての一つの地球経済の公益につながる行動であっても、それが個々の国々において公益増進につながるとは限らない。この解体の誤謬現象が、「ユニクロ栄えて」と「国滅ぶ」との関係の中に実に良く現れていると思うのである。

ここで、さらに今一度、前出の引用箇所を振り返って頂きたい。そこには、「(経済活動に携わる個人が)……外国の産業より国内の産業を支持するのは、ただ自身の安全を意図してのことである」という件りがある。この言い方には、明らかに、暗黙の大前提がある。それは、人が収益最大化を目指して行動する時、彼は自ずと自国産業を優先的にサポートするということだ。今の世の中、これが言えるか。

この点との関連で、さらにもう一箇所、是非とも、ご覧いただきたい『国富論』の一節がある。前出部分のすぐ前の件りだ。直接引用はやめて、筆者の勝手翻訳的概要紹介で行きたい。スミス先生には申し訳ないが、それなりに冗長な箇所でもあるので、どうぞご勘弁を。

「ある一つの社会の年間収入は、常に、その社会を構成する産業が生み出す年間算出額に等しい。ということは、要するに個々の社会構成員が地元産業の振興に向けて資本を懸命になって投下し、それらの産業の算出物の価値の最大化を目指して頑張れば頑張るほど、かれは社会全体の年間収入の最大化にも自ずと貢献していることになるわけだ」

この件りを読むと、「見えざる手」の箇所の意味が一段とよくわかる。要するに、『国富論』の世界は、基本的に国民経済が自己完結的な経済体系であることを前提にしている。人々の経済活動は、必ず、国内産業の生産水準の高まりと活力の向上につながる。なぜか。それは人々の経済活動が国境を越えないからである。貿易という形でのモノの越境はある。だが、そのことに伴って生まれる富の帰属は極めて単純だ。輸出側が生み出す収入の全ては、必ずその全てが輸出側の国に帰属することになる。つまり、『国富論』においては、「ユニクロ栄えて国滅ぶ」は成り立たない。ユニクロが栄えれば、ユニクロの栄え具合に応じて、一対一の対応関係をもって必ず国もまたより大きく栄えることになる。国境を越えた需要や供給や富の漏れが決して起きない。その前提が成り立つ限りにおいて、「見えざる手」は当然のこととして、公共の利益の増進をもたらすわけである。

スミス先生は、以上のような大前提の上で「見えざる手」の神通力を語り、分業の力学を解き明かしているのである。このことをしっかり認識しておかないと、我々は『国富論』が我々に投げかけてくれる今日的メッセージを確実に聞き誤る。需要の国境を越えた漏れがない限り、企業の収益性と存続性の追求は、おのずと国民国家的な富の増加につながる。だが、ひとたび、需要の漏れを想定の中に取り込めば、話は随分違って来る。念のため付言しておけば、ここで言う需要の漏れとは、輸入のことではない。自国企業の収益増が自国経済としての収益増につながらないような場合のことをいう。ある企業が大ヒット商品を出して大儲けしても、その儲けがその企業のもともとの出身国には還元されず、他国に移された本社に帰属してしまえば、出身国の富は増えない。かくして、そのヒット商品に対する需要は、その国の立場から見れば国外に漏れ出てしまうわけである。そして、まさしく今、我々は話が随分違う世界に足を踏み込んでいる。

かくして、第二次グローバル化時代と第三次グローバル化時代は実に大きく性格が違う。『国富論』を読み込んで来たからこそ、今、我々はそれを認識出来る。スミス先生のニンマリの意味が、ほんの少しわかり始めた気がしてきた。

この感覚を大事にしながら、ここで気をつけておかなければいけないことが一つあると思う。それは、「国滅ぶ」という言い方をどう受け止めるかということだ。

企業の繁栄が、「見えざる手」の働きによって自ずと国の繁栄につながるという関係が断ち切れた。むしろ、企業の繁栄は国に滅びをもたらしてしまうかもしれない。

そうなったら、どうするのか。「見えざる手」の神通力が効かなくなった以上、「見える手」を動員することが正当化されるのか。第三次グローバル化時代は、結局のところ、国家による統制の時代に帰着するのか。そんなことであるはずはない。然らば、答えはどこにあるのか。国は滅びても、国民が滅ばなければいいのかもしれない。国民がいなくなっても、人々が残ればいいのかもしれない。様々なことを思う。様々なことを思うべきなのだと思う。思い悩まずして今日的国富論に到達出来るはずはない。

3.「二国二財モデル」と「羊羹《ようかん》チャート」

国際市場を分析したリカード

ここまで、我々が生きる第三次グローバル化時代の市場環境と、そこにおける「見えざる手」の働き方について考えて来た。『国富論』の時代との対比から見た今日的状況の特性が、それなりにはっきり見え始めてきた感はある。あともう一息。スミス先生がそう励ましてくれている感触だ。

理解を深め解明を進めるために、次はあらためて分業という言葉にもう一度着目してみよう。国際市場とグローバル市場は相当に違う。そのことを本章第一節で認識した。そして、スミス先生は、市場が分業の在り方を制約するとおっしゃっている。となれば、相異なる市場である国際市場とグローバル市場は、それぞれがもたらす分業の構図に関しても、相異なる結果をもたらすはずである。

この点について考えるに当たっては、ここでもう一人の歴史上の人物にご登場願うとよさそうだ。その人の名はデビッド・リカード。貿易理論における比較優位の理論の創設者としてつとに有名だ。一七七二年生まれである。スミス先生ご生誕の約五十年後である。『国富論』が刊行された時、リカードは四歳だった。

生真面目なスミス先生とは対照的に、リカード氏は相当にやくざなやり手人間だった。第一章で取り上げたザ・シティを舞台に、株式仲買人として派手に儲けを追求した。その一方で学者然として貿易理論を説く。そうかと思えば、下院議員にまでなってしまった。そして、イングランド銀行の金融政策にケチをつけるのが大好きだった。山師である。山師ではあるが、彼の分業理論は間違いなく画期的で、間違いなく説得力があった。もっとも、ここで比較優位の理論そのものの説明に立ち入ることは差し控えておく。それを始めると話が混乱するし、焦点がぼける。ここでリカード先生にご登場願うのは、彼が「二国二財モデル」を使って自論を展開しているからだ。このモデルを検討することで、我々はグローバル時代型分業の特性をより良く理解することが出来ると思う。その観点から、山師先生のお力を拝借するのである。

さてそこで、二国をイギリスとポルトガルだとしよう。そして、二財はワインと毛織物である。リカード先生の比較優位の論理に従えば、この場合、イギリスは毛織物の生産に特化し、ポルトガルはワインの生産に特化することが合理的だ。そして、両者の間でワインと毛織物を輸出し合えばいい。この分業の構図がどちらにとっても正解だ。何故そうなるかについては、前述の理由で省略する。

本節で考えようとしていることとの脈絡で、このモデルの注目すべき点はどこにあるか。それは、このモデルが財の生産地と財の供給者の国籍は常に一致すると想定していることである。ポルトガルのワイン・メーカーがつくるワインは、その全てがポルトガル国内で作られる。イギリスの毛織物メーカーの製品は全てイギリス国内で製造される。それがこのモデルの大前提だ。たとえこの「二国二財モデル」を「多国多財モデル」に発展させても、この前提は変わらない。

「羊羹チャート」から見える現代の分業

さて、ここで今の我々の世界に目を転じよう。ここは、財の生産地とその製造元企業の国籍が常に一致する世界か。答えは大いに否である。例えば、アップル社の看板商品であるiPhoneやiPadの場合、製品の開発と設計はアメリカのアップル本社が担当する。部品は世界中のメーカーに発注される。そして組み立ては人件費コストが最も安い国の工場で行なわれる。これまでは、それがもっぱら中国工場だったが、これから先はどうなるかわからない。

こうした財の生産地とそのメーカーの国籍不一致問題について、筆者のゼミで緻密な分析に挑んだ学生さんがおいでになる。その成果は彼の学位論文となり、高評価を得た。ご本人の了解を得て、以下にその内容で本節に関わりのある部分のさわりを紹介させて頂く(＊1)。分析対象は、液晶テレビの部材製造から完成品としての組み立てに至るプロセスである。このプロセスは、①部材工程②パネル工程③モジュール工程④セット工程に大別される。①は液晶パネルの素材となるガラス基板の製造工程、②と③が液晶パネルそのものの製造工程、④が完成品テレビの組み立て工程だ。

この論文では、①～④の各段階について、製造メーカーの国籍と実際の生産が行なわれる立地との関係を立体的に図式化することが試みられている。論文の著者は、この立体図形を「羊羹チャート」と命名した。あの黒光りする甘い羊羹である。それを一本用意する。そして、この羊羹に三つ切り込みを入れる。これで、一本の羊羹を四分割した格好になる。ただし、切り離しはしない。切り離して四つのお皿に盛り、それぞれにお抹茶でも添えれば、客人四人分のお茶菓子セットが出来上がる。そのようにする前の段階、つまり切り込みだけを入れて、お客様の来訪を待つばかりの状態の羊羹をイメージして頂ければいい。

羊羹チャート―液晶テレビの製造プロセス（2008年）

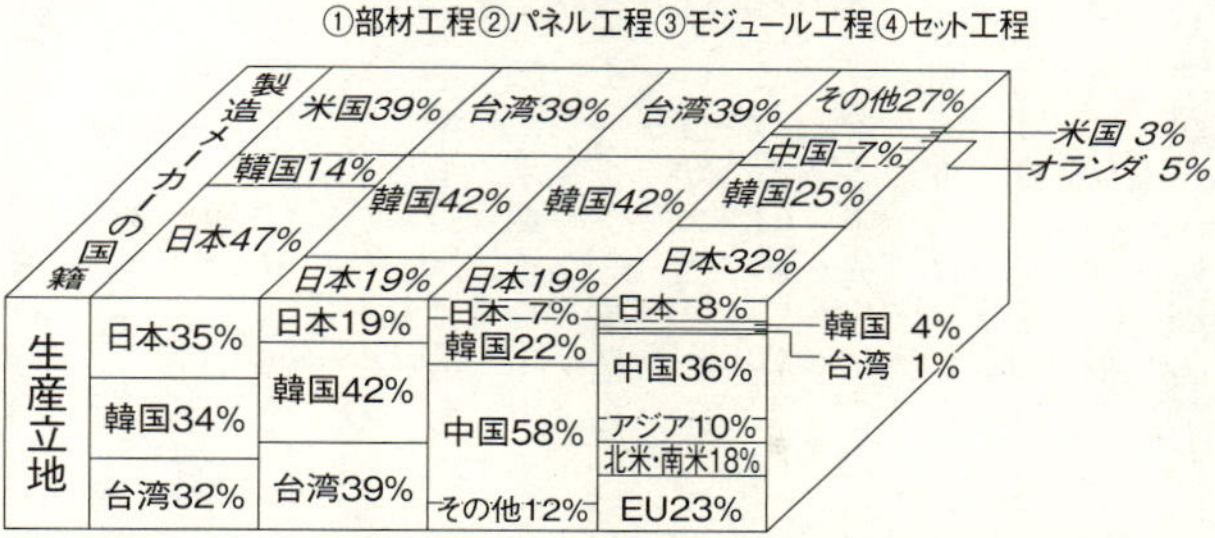

塘岡孝敏「国内中小型液晶パネルメーカーのサバイバル戦略～グローバル海峡を泳ぐ駅伝泳法～」をもとに作成

この羊羹の四つのパートが、それぞれ、完成品テレビに至る①～④の製造工程に対応する。ここで、各パートの上面にまた切り込みを入れる。この切り込みはこの工程に携わる企業の国籍別の切り込みだ。そして、側面にも切り込みを入れる。こちらの切り込みはこの工程で実際に製造が行なわれる生産拠点の国籍別の切り込みである。

羊羹の上面と側面の様子が最も違うのが、③のモジュール工程だ。これは、ざっくりいえば液晶パネルを最終製品に仕上げる段階だと考えていい。ここで、最終製品となった液晶パネルが④でテレビ・セットに組み込まれる。工程③の羊羹の上面には、日本・韓国・台湾のメーカーたちがひしめき合っている。ところが、同じ工程③の羊羹の側面を見ると、そのおよそ六割の部分を中国が占めている。メーカーの国籍は多数、しかしながら、それらのメーカーの多くが生産拠点を中国に置いているということだ。

④のセット工程になると、また上面と側面の様相が変わる。上面には、日本・韓国が揃い踏みするが、日本勢の割合がモジュール工程に比べてぐっと高くなる。加えて、アメリカや中国なども顔を出すようになる。側面を見れば、中国の割合がかなり低下し、北米や南米、EUなどが登場する構図になっている。完成品の組み立ては、多くの場合にその消費地や消費地に最も近い場所で行なわれるからである。

この「羊羹チャート」を使って、論文の著者は第三次グローバル化時代の複雑なサプライ・チェーンの構造を実に詳細に、かつ立体的に描き出して行く。上記の段階では切り離していなかった四つのパートを実際に切り離してみて、切り口を覗いてみたりもしている。そこにあるのが、各工程の誰が次の工程の誰に製品を引き渡しているかという販路の構図だ。リカード先生にこの「羊羹チャート」を見せたら、彼は何というだろう。さぞかし、目を丸くするに違いない。リカード先生の「二国二財モデル」においては、ポルトガルのメーカーがつくるワインの生産工程において、その一部が別の国の工場で行なわれるということはない。イギリス・メーカーの毛織物に関して、前処理段階はイギリス国内で行なわれるが、後処理段階が中国で行なわれるというようなことは想定されていない。「二国二財モデル」において、羊羹の上面と側面の切り込み模様は常に完全に一致している。ワイン羊羹がいくつのパートに分割されようと、各個別パートの全てにおいて上面も側面もポルトガル一色だ。そして、ポルトガルのワイン羊羹とイギリスの毛織物羊羹が両国の間で交換される。実にシンプルな世界だった。

ところが、第三次グローバル化時代においては、一本の羊羹が国々の国境をまたいでどんどん長くなる。羊羹転じてウナギのような感じだ。この映像は気持ち悪すぎるが、黒光りしながら地球経済にどんどん巻きついて行く万里の長城みたいな羊羹をイメージして頂ければいい。その羊羹上に、何と複雑な切り込み模様が縦横無尽に走っていることか。リカード先生は、少々めまいがひどくなり過ぎているかもしれない。だが、船酔い感を味わいながらも、結構、その感覚を楽しんで頂けているとは思う。山師兼鋭き分析家の想像力が、大いに刺激されたに違いない。彼にも、この旅にお付き合いいただこう。大エコノミストたちの、時空を超えた弥次喜多道中も悪くなかろう。

注

（＊1）　本章の「羊羹チャート論」は、同志社大学大学院ビジネス研究科二〇一〇年度卒業生である塘岡《ともおか》孝敏氏のMBA学位論文「国内中小型液晶パネルメーカーのサバイバル戦略～グローバル海峡を泳ぐ駅伝泳法～」に全面的に依拠している。快く情報と知恵をご提供頂いた塘岡氏に心から御礼申し上げる。

4．「〇〇立国」で国は立たない

リカード・モデルの限界

さて、ここまで来ると、賢明なる読者の皆さんは重要なことにお気づきだろう。それは、製造業者の国籍と生産地の国籍に不一致が生じると、「輸出大国」とか、「〇〇輸出立国」などという概念も、従来とは一味異なる肌合いを帯びて来るということだ。

「羊羹チャート」で確認した通り、液晶パネル・メーカーは国籍的に多様だが、彼らの多くが実際の製品づくりを中国で行なっている。ということは、つまり、液晶パネルという製品の多くが、中国からグローバル経済の津々浦々に向かって出荷されていくということにほかならない。出荷が国境をまたぐ場合、それは中国からの輸出としてカウントされる。要するに、国籍多様なパネル・メーカーの数々が中国を生産拠点に選べば選ぶほど、中国の液晶パネル輸出が増えるということになる。かくして、中国は液晶パネル輸出大国と化す。

一方、リカード先生の二国二財モデル時代において、イギリスは毛織物輸出大国だった。

なぜなら、当時、イギリス・メーカーの毛織物工場は、その全てがイギリス国内にあったからである。だが、もしも、それらのメーカーの工場の全てが中国にあれば、イギリスではなくて中国が毛織物大国だということになる。こう言われると、リカード先生の目がまたまた渦巻状態になりそうだ。そういうことでいいの？　彼はそう言いたくなるかもしれない。確かに、イギリスが毛織物生産に特化し、その製造工程の全てを中国に置いたとすれば、現象的に見る限り、中国の毛織物輸出がどんどん増える格好になる。その意味で、中国は確かに毛織物輸出大国化する。だが、それはあくまでも工場生産をイギリスのメーカーから請け負っているに過ぎない。それでも、中国は毛織物輸出立国で生きていると言うのか。

確かに、そういうことになる。あまりしっくりは来ない。だが、リカード・モデルを我らが第三次グローバル化時代に応用すると、こういうことになってしまう。このことを反芻していたリカード先生が、突然うれしそうに言う。

「そうか！　このケースでは、イギリスは毛織物輸出大国の地位を中国に譲った。だが、その代わりに『毛織物現地生産立国』化したわけだ！　またの名を『工場移転立国』といってもいい」

さすがは、カンの鋭いリカード先生だ。「現地生産」や「工場移転」などという言葉は、彼の時代にはなかった。それなのに、すっかり使い慣れた言葉のような顔をしてちゃっかり使う。これが山師の山師たる所以だ。

それはともかく、新発見に有頂天になるリカード先生を見守りながら、スミス先生がほくそえんでいる。「ホントにそうかな?」という感じの含み笑いだ。視線を感じたリカード先生がまた考える。そしてはたと気がつく。そうか、このケースが「現地生産『立国』」だとは言いきれない。ユニクロ栄えて国滅ぶかもしれない。間違いなくいえるのは、このようなケースが「現地生産『立企業』」につながるということだけである。立企業が立国につながるとは限らない。

日本企業の矛盾と欺瞞

いまや、このような世の中になっている。それにもかかわらず、ともすれば、相変わらず「輸出立国ニッポン」というような言い方を耳にする。輸出立国ニッポンにとって、円高は天敵だ。なんとか阻止しなければならない。この論法は相変わらず根強い。そう言いたくなる気持ちはわかる。そのような現実に直面している産業・企業が存在することも承知している。だが、これは全体構図の一つの側面だ。全体構図は羊羹チャート化している。

そして、そのような全体構図をもたらしているのは、日本企業の行動にほかならない。「輸出立国」という二国二財モデル的な言い方をしながら、その一方で羊羹チャート化を進めていく第三次グローバル化時代の企業たち。その行動様式は、別段、邪悪でも愚かでもない。収益性と存続性を追求する企業として、必死で絞り出した知恵の産物にほかならない。

ただ、言っていることとやっていることに矛盾があることも事実だ。日本企業のグローバル化は立ち遅れている。そのような言い方は財界や産業界の中からもよく出て来る。日本経済の再活性化や成長力回復のためには、日本企業のグローバル展開、グローバル人材の育成、経営陣の多国籍化が、もっともっと、進む必要がある。そんな指摘をよく耳にする。日本企業がグローバル化することは大いに結構だ。だが、そのことは、果たして日本経済の再活性化につながるか。日本経済の成長力回復につながるか。そこに自ずと一対一の関係が無くなっている。それが今の世の中だ。それにもかかわらず、両者の間に二国二財モデル時代と同じような一義的な関係があるかのごとく、産業人たちがものを言うのは、やはり、おかしいだろう。

もとより、お国のためにグローバル化をあきらめるな、などということを言おうとしているわけではない。そのような言い方をするのは、形を変えた重商主義への回帰にほかならない。そのような発想から、今日の世の中を賢く生きる知恵は生まれてこないだろう。だが、国々の企業がその政府や政策責任者たちに何かを要求する時、そのことが自ずと自国民のための公共の利益の増進につながるような言い方をするとすれば、今の時代において、それは欺瞞だと言わざるを得ない場合が出て来る。むろん、意識的な欺瞞発言ばかりではない。地元経済の発展に貢献したい。地方の疲弊を促進するような行動は取りたくない。出来ることなら、ひたすら国内で生産も開発もやり続けたい。そう思いながら、企業としての存続性のためには、海外への生産拠点の移転を進めざるを得ない。断腸の選択を迫られて呻吟する経営者たちもいる。

いずれにせよ、我々は今、「○○立国」主義が非常に成り立ちにくい環境の中に身をおいている。この点を素直に客観的に認めることが必要だ。政策側においても、また然りだ。企業が必ずしも立国につながらない中で、諸国民の富と幸福を諸国はどう守るのか。企業もまた人々の集団である。企業人もまた国民であり市民である。そのことさえ、この手の議論の中では忘れ去られるきらいがある。第三次グローバル化時代を生きる我々は、それらのことに関する知的混乱や知的怠惰に身を任せてはいけないのだと思う。

以上のようなこの時代の厄介さについて、古典的分業の時代の二人の大先生は、今や、すっかりおわかり下さったようである。あんたたちには、まだ問題の全貌が見えていないようだ。しっかりせよ。国際とグローバルの違いについて、慌てず騒がず混乱せず、しっかり考えてごらん。そう言われている感がある。この知力溢れる弥次喜多コンビに導かれつつ、次のステップに進んで行こう。

第四章
カジノ金融とマジメ金融のはざまで

1. なぜ、金融が暴走する世界になったのか?

〝前川レポート〟の重商主義批判

弥次喜多大先生コンビとの我らの道中、次の宿場はカネの宿である。二十一世紀のカネの世界は、スミス、リカード両先生が分析の対象としたカネの世界とどう違うか。その違いのどこにどのような問題があるのか。これらのことについて、以下で考えてみたい。

今日のカネの世界がどんな具合になっているかについては、第一章で概観した。今や、ヒト・モノ・カネは国境を越える。その中で、最もたやすく国境を越えるのが、カネだということを確認した。我らのグローバル時代においては、ヒト・モノ・カネの中で、カネがダントツのセレブ・ポジションをほしいままにしている。そのような状態にいたった顚末についても、第一章で見た。その後、第二章でカネに関するスミス先生の考え方を学んだ。

以上のように勉強を進めて来た我々には、今、やらなければいけないこと、そしてやる力がついているはずのことがある。それは、今日的なカネの現状と、カネの機能に関するスミス先生の教えをぶつけ合わせて、そこからどのような火花が散るかをしかと見届けることに他ならない。

火花の具合を見るために、ひとまず、日本にフォーカスしてみよう。厄介な話は身近なところから始めるに限る。それに、何と言っても、日本は債権大国だ。長年のゼロ金利政策によってカネ余り大国にもなっている。何かにつけて、今日的なカネの問題を考えるためにはうってつけだ。

前章で、今や、「○○立国」主義で国を立てることが難しくなっているという問題について考えた。ヒト・モノ・カネがここまで無造作に国境を越えるようになると、しばしば、企業は立っても国立たず、個人が立っても国が立つとは限らない。それが基本的現実となりつつある。その現実を目の当たりにしながら、あるいは目の当たりにしていればこそ、国々は、なおも立国の寄る辺をどこかに求める。性懲りのない話だ。だが、それが人間というものだろう。いくらスミス先生にお説教されても、『国富論』時代の人々が重商主義をやめられなかったのと同じことである。

二〇〇〇年代、日本の新たな立国主義のテーマとなったのが、金融だった。まさしく、カネの世界である。目指すは金融立国。日本でこの言い方を流行らせたのが、小泉政権(二〇〇一～二〇〇六年)である。あの時、金融立国主義と対になって盛んに使われたのが、「貯蓄から投資へ」という謳い文句だった。このスローガンに煽られて、日本は次第に「金融立国」ならぬ「金融狂国」化の道を歩み始めることになってしまった。この辺から、第一章で見たミセス・ワタナベが次第に舞台中央に踏み出し始める。

さて、ここで「貯蓄から投資へ」というキャッチフレーズについて、改めて少し注釈を加えておく必要がある。思えばあの時、このフレーズは実に誤解に満ちた形で一世を風靡した。

そもそも、「貯蓄から投資へ」はいわゆる〝前川レポート〟から生まれた表現だった。〝前川レポート〟は、一九八六年四月に発表された。正式には「国際協調のための経済構造調整研究会」の調査報告書だが、座長の前川春雄元日銀総裁に因んで、通称〝前川レポート〟と呼ばれた。一九八五年のプラザ合意を受けて、日本経済の構造改革を謳った提言だった。

〝前川レポート〟の内容をうまく要約した言葉として「貯蓄から投資へ」が登場するのだ

が、あの時、この表現に託された意味は、要するに行き過ぎた貯蓄第一主義への戒めであった。

日本人は、どうも、カネを貯めるばかりで使おうとしない。だから、内需は盛り上がらない。一方で、輸出は円安と品質の良さでどんどん伸びる。だから経常収支の黒字が無闇に拡大してしまい、やたらと他の国々の顰蹙《ひんしゅく》を買う。そろそろ、こんなバカバカしいことは止めにしよう。これからは、日本も少しカネを使って内需拡大や生産的な投資に励んでみよう。そのためには、日本の貯蓄優遇税制が邪魔になる。これを改定しなければならない。ざっとこんなところが、〝前川レポート〟における「貯蓄から投資へ」の意味するところだったのである。

ここまで来れば、賢き皆さんはもうお気づきのことだろう。この〝前川レポート〟の提言、どこか『国富論』の主張に似てはいないか。そう。その通りである。これは一種の重商主義批判に他ならない。

カネは使うためのものなり。貯めるためのものにあらず。

それが〝前川レポート〟の勧めであった。あの時の日本にとっては、それなりに当を得た提言だった。何故なら、当時の日本は、債権大国化の道を歩み始めていた。もはや、必死で国の隅々から個人の貯蓄をかき集め、産業復興に励まなければいけない焼け跡経済の日本ではなくなっていたのである。少しは鷹揚に構えて、グローバルな需要拡大に貢献しても然るべき立場に立ちつつあった。それは間違いない。そんな日本にとって、脱重商主義の勧めはなかなか時宜を得ていた。そう言っていいだろう。

カジノ金融に火をつけた「貯蓄から投資へ」

ところが、同じ謳い文句でありながら、小泉時代の「貯蓄から投資へ」は、〝前川レポート〟の場合とは実に似て大いに非なる意味合いを帯びることになった。端的にいえば、小泉時代の「貯蓄から投資へ」は、銀行預金を軸とする資産運用から、人々を株式市場や債券市場へと誘引するための呼び声として機能した。あの時のチーム小泉の発想を代弁すれば、概ね、以下のようなことになるだろう。

日本の国民はあまりにも貯金好き過ぎる。株や債券をあまりにも買わない。欧米に比べて、家計の株式保有比率があまりにも低い。個人のカネが銀行預金ばかりに集まってしまう。だから、企業の資金調達も、どうしても銀行依存型になる。いつまで経っても、企業のいわゆる間接金融依存体質が抜けない。これは時代遅れで非効率的だ。いまどきの企業たるもの、株式発行や起債などを通じて、自主自立的に資金調達が出来るようでなくては話にならない。企業が銀行抜きで投資家からダイレクトに資金を手に入れる。このやり方が、今風の直接金融方式だ。直接金融を日本に定着させるためには、何はともあれ、日本国民の銀行預金指向を変えさせて、リスク資産の市場に引き摺り込まなければならない。

およそ、こんなところだったと思われる。別段、この全てが間違っている、あるいは、邪《よこしま》さのかたまりだという訳ではない。確かに、間接金融一辺倒の企業金融の在り方が最適解ではないだろう。多様な資金調達ルートを持つことは、企業にとって、まさしく収益性と継続性のいずれの観点から見ても極めて重要だ。

だが、問題は、あの時の小泉組の金融立国キャンペーンと「貯蓄から投資へ」の呼び声のおかげで、人々が「銀行預金＝貯蓄」で「証券（株や債券）購入＝投資」なのだと誤解してしまったことである。この誤解が、小泉組の意図的な企みによるものだったか、あるいは、単なる知的怠惰と浅薄さの産物だったのかは、決め手に欠ける。そこをあまり追及しても始まらないが、いずれにせよ、そのような誤解がどんどん膨らんで行ったことには問題があった。

「銀行預金＝貯蓄」「証券購入＝投資」の誤解は、スミス、リカードの大先生弥次喜多コンビを大いに怒らせること間違いなしだ。そもそも、「貯蓄から投資へ」という時の貯蓄と投資はマクロ経済学的な概念である。国民経済全体として見た場合、そのうち消費に使われなかった部分が貯蓄である。この貯蓄全てが投資に回されれば、この国民経済は完全に資源を有効活用していて、バランスが取れた経済になっている。だが、現実には、貯蓄の全てが投資に回されるとは限らない。逆に貯蓄を上回って投資をしてしまう場合もある。その意味で、「貯蓄から投資へ」が必要だという言い方は、経済全体の観点から見て、もっと資源を有効活用しろということを言っているわけだ。銀行預金を止めて株を買えと言っているわけではない。

一方、銀行預金と証券購入は、いずれも資産運用の一形態だ。要は、どのような金融資産をどれだけ持つかというポートフォリオ選択の話である。片方がカネをひたすら溜め込む行為で、もう片方が生産的投資だという訳ではない。

かくして、貯蓄か投資かという選択と、預金か証券かという選択は、次元もジャンルも全く違う。そのように位置づけの異なる諸概念をごっちゃにするような誤解こそ、大先生たちが最も忌み嫌う知的ルーズさだ。実際に、この誤解は、日本のカネの回し方を次第にマジメ金融からカジノ金融の方向に誘っていくことになる。ミセス・ワタナベの登場が近づいていた。

マジメとカジノの微妙な関係

カネは使うためにある。スミス先生はそう言われた。決して回すためにあるとは言っていない。ここは、実に重要なところだ。先ほどマジメ金融、カジノ金融という言い方をした。概念の厳密性が問われるなどと言いながら、このように得体の知れない言葉使いをすると、それこそ弥次喜多両先生に叱られてしまうかもしれない。だが、金融におけるマジメとカジノの違いはしっかり見据えておく必要がある。それに、そもそもリカード先生はカジノ金融が商売だった。前述の通り、学者デビューする前の彼は株式ブローカーだった。まさしく、ギャンブル性の強いカネ回しでなかなか上手く立ち回っていた。それにふさわしいハッタリと口八丁手八丁の技術も身につけていた。ミセス・ワタナベには、結構気に入られること間違いなしだ。

そこへ行くと、スミス先生はかなりトーンが違うだろう。質実剛健、生真面目一本のスコットランド気質《かたぎ》と、カジノ金融はいかにも相性が悪そうだ。カジノ金融で華麗にはしゃぐリカード先生を、スミス先生は眉を顰《ひそ》めて冷たく見守っている。

もっとも、カジノ金融が一義的・全面的に悪いとは言えない。ハイリスクを承知でハイリターンを追求する。そうしたギャンブラー魂が、志は高いが資金力に欠ける中小ベンチャー企業を支援する心意気に通じるのであれば、それはそれで、大いに結構だ。山師も使いようなのである。リカード先生も、そうだそうだというだろう。

問題は、マジメとカジノの境目が判然としなくなることだ。マジメ金融に携わっていたつもりが、いつの間にかカジノ金融の世界に引きずり込まれていた。自分はひたすらマジメ金融の世界に引きこもっているのに、そこにカジノ金融が裏口から忍び込んで来る。こういうことになると、困る。困るどころか、誠に危ない。うぶな素人衆が、知らない間に、山師と同じ賭場に迷い込んでしまっていた。そんなことになりかねない。手入れが入れば、知りませんでしたでは済まされない。損を被ってカネを工面できなければ、指の一つも切り落とさなければならないかもしれない。

こんなことになっては大変だから、マジメとカジノの間には、しっかりした垣根や分離帯が設けられている必要がある。賭場には「賭場です」という看板を立てて置いてもらわなければいけない。ところが、第一章で見たゴールディロックス経済からリーマン・ショックに至る過程では、看板も分離帯も垣根も、夜陰に乗じてどんどん取り払われていってしまった。

金本位制と管理通貨制

なぜ、このようなことになったのか。それを理解するには、ここで少し歴史を遡らなければならない。そして、金融の世界から通貨の世界に少しばかり足を踏み入れなければならない。やや道草を食う感があるかもしれない。だが、これも旅の醍醐味、面白さだ。先生方にも、お付き合いいただこう。

そもそも、スミス、リカード両先生の時代には、マジメとカジノの境界線について、あまり心配する必要はなかった。何故なら、あの当時には、カジノ金融にはおのずと歯止めがかかる仕組みが存在していた。カジノの暴走が一定のところに達すると遮断機が下りる。そんな自動制御装置が当時の諸国民の経済には組み込まれていたのである。この自動制御装置の名が金本位制だ。より一般的な言い方をすれば、本位通貨制である。第二章でも少々触れたが、あの当時の通貨は、基本的に金属通貨だった。その金属が次第に金に集約されていき、金本位制が広く一般化することになる。

ここで、金本位制の最も簡単なイメージの仕方をご披露しよう。それはすなわち、「金

（キン）の切れ目が金（カネ）の切れ目」ということである。金本位国は、自国が保有しているキンの分量の範囲でしか、カネを発行出来ない。実にシンプルだ。このような体制を取っている限り、金融の在り方についてあれこれ複雑なことを考える必要はあまりない。いくら山師でも、先立つものが尽きれば、一巻の終わりだ。誰かに借金をしてギャンブルを続けるといっても、大元のところでキンの切れ目に達してしまっていれば、どうにもならない。賭場も自ずと店仕舞いだ。

ここが金本位制の美学である。カジノも一定のところまで行けば、キンの切れ目によって強制的に閉店を迫られる運命にあった。だから、マジメ世界との境界線も、あまり神経質には意識しなくて済んだ。むろん、それでもある程度はやけどをするマジメ衆がいたことは間違いない。だが、今のように複雑怪奇で中身の見えない金融商品が存在したわけではないから、無辜《むこ》の犠牲者は比較的少なかったはずである。身から出た錆で済まされる範囲の話であったろう。

ところが、いまや、カネの発行にキンの切れ目による制御装置は働かない。ヒトがカネの発行量を決める世の中になった。このシステムを管理通貨制という。通貨供給量が金の保有量ではなくて人間の裁量的管理によって決まる。だから、管理通貨制である。こうなってくると、カジノ金融を野放しにしておくのは危ない。自ずとは歯止めがかからないのであるから、何時、どのような形でマジメ金融の世界を侵食し出すかわからない。となれば、やはり垣根が必要だ。かくして、世界の通貨体制が金本位から管理通貨体制へと移行するプロセスの中で、金融もまた自由放任から規制監督の体制へと移っていく恰好になった。それがおよそ一九二〇年代から一九三〇年代にかけてのことだ。スミス先生の時代はもとより、リカード先生の時代ともかなり肌合いの違う世界だ。

かくして、通貨の在り方が金融の在り方を規定する。この関係はなかなか重要だ。管理通貨体制を知らないスミス、リカード両先生は、この点について、どのような思いを巡らせておいでだろう。基本がわかっているから、ここでも勘所をすぐつかんでおいでだろう。ちなみに、一九二〇年代のイギリスにおいて、金本位制の放棄と管理通貨制の採用を強く提唱していたのが、かのケインズだった。管理通貨制というのは、そもそもケインズの発案になる用語なのである。ちなみにケインズ先生もまた、ギャンブラーだった。投機大好き人間だったのである。目立ちたがりと調子の良さ、そして欲の皮の突っ張り具合において、リカード先生の後継者だったといっていいだろう。

ニクソン・ショックが金融を膨張させた

通貨の世界における金本位制から管理通貨制への移行において、いわば最後の止めを刺す役割を果たしたのが、一九七一年八月十五日のいわゆるニクソン・ショックであった。この日、史上最後の金本位国だったアメリカが、ついにドルの対外的金交換を停止した。もはや、ドルの発行にキンの切れ目の制約はなくなった。以降、アメリカは通貨大発行による経済成長路線を追求するようになる。このことが、金融の分野においては世界的な規制撤廃と自由化の流れを呼び込むことになった。何故そうなるのかについては、ここで事細かく立ち入ることは避けておきたい。これまた話が混乱する。ご関心の向きは、筆者の他著をご参照頂ければ幸いだ（岩波新書『グローバル恐慌』、ＰＨＰビジネス新書『「通貨」を知れば世界が読める』など）。ごく端的にいえば、通貨の発行量が金本位時代に比べて格段に増えた結果、その通貨をどう上手く回してどう上手く儲けるかということについて、カジノ派もマジメ派も関心を高めるようになった。そうした世の中の要請に応えて、金融制度も再び次第に野放し状態へと回帰することになったのである。

かくして、金本位制から管理通貨制への移行は、その黎明期において、いったんは金融の世界を自由から規制の方向に突き動かした。ところが、いざ管理通貨体制への移行が時の基軸通貨国において本格化するや、そのことは、金融の世界を規制から自由の方向へと再び向かわせることになったのである。何とも面白い展開だ。未知の世界の通貨と金融の関係を垣間見て、スミス、リカード両先生の知的興奮が極まりつつある。鼻血が出ないといいが。

彼らをさしあたり興奮させているニクソン・ショックも、今や歴史だ。二〇〇〇年代のゴールディロックス時代に時間を早送りしよう。世の中がゴールディロックス的心地よさを謳歌する前夜、九〇年代から金融の世界を跋扈《ばっこ》し始めたのが「金融工学」という手法であった。金融をエンジニアリングしてしまおうというのだから、これまた、スミス先生もリカード先生も大びっくりだろう。歯止めなく生み出されるカネの洪水を、いかに巧みに制御して、巨万の富につなげるか。そこには、確かに、まさしく工学的な知恵を発揮する余地があった。

もっとも、金融工学もまたカジノ金融と同じで、それ自体に本源的な邪悪性があるわけではない。もとはといえば、どんどん複雑化する金融取引の中でリスクを最小化するために考えられた手法だ。それが、次第にリターン最大化のために使われるようになった。問題はそこにある。この場合にも、カジノ金融そのものと同様、やっぱり基本は使いようなのである。然らば、なぜ、リスク回避の道具だったはずの金融工学が、カジノ金融のためのチップ製造装置と化したのか。この点について、次節で考えてみよう。そのためには、ここで再び舞台を日本に戻す必要がある。

2. グローバル・カジノの胴元、ニッポン

ゴールディロックス経済の生みの親はジャパンマネーだった

一九九〇年から金融工学がリスク回避手段からリターン追求の道具に変貌していく背景には、そもそも、世の中に出回っているカネの分量がやたらに多くなってしまったという事情がある。世界の金融資産総額を対世界GDP倍率で見ると、一九九〇年の数値が一・七七倍、二〇〇七年が三・四五倍である。一九九〇年の一・七七倍は、さほど驚くには当たらない。金融資産すなわちカネの世界の方が、GDPすなわちモノの世界より大きいには大きいが、目を剝くほどのことはない。だが、二〇〇七年の三・四五倍はそうはいかない。明らかに、カネ余り状態である。このようにカネがだぶついて来れば、当然ながら、その価値は下がる。ゴールディロックス時代の持続的長期金利安は、要するにこのカネ余り状態がもたらした現象だったのである。

かくして、二十一世紀に足を踏み込んで行く中で、グローバル金融市場は実にカネ儲けが難しい市場と化してしまった。いくらカネを回しても、当たり前のやり方をしていたの

では、供給過剰の重圧に勝てない。どんなに大量にカネを回しても、雀の涙ほどの金利収入しか絞り出せない。何か、上手い手立ては無いものか。銀行家や山師たちが知恵を振り絞る中で、金融工学が脚光を浴びる展開になったのである。

およその経緯は以上の通りだ。だが、これが話の全てではない。賢明なる質問者であるスミス先生とリカード先生は、ここで異口同音に次の質問を投げかけて来るだろう。すなわち、「そもそも、その時、何故カネ余りになったのか。カネ対モノ倍率を大きく押し上げた要因は何だったの？　誰が犯人？」

このシャープな質問に対する答えは何か。

それは「犯人は日本です」である。

より厳密にいえば、日本の金融政策である。量的緩和という異様な手段にまで訴えて、そして実に長きにわたってゼロ金利状態を作り出した。この金融政策が、ジャパンマネーを日本の外に押し出した。世界最大の貯蓄大国からカネが大量に流れ出れば、グローバルなレベルでもカネ余りになるのは当然だ。これがゴールディロックス経済の背景である。

バブル崩壊前の段階で、日本の定期預金金利は概ね五％ほどだった。一〇〇〇万円預ければ、年間五〇万円の利子がついていた。ゼロ金利政策の下で、この利子収入が掻き消えた。これは大変ということで、ミセス・ワタナベたちがＦＸ取引（外国為替証拠金取引）や新興国の株式で構成された投資信託の購入に乗り出した。こうして見れば、彼女たちも、決して我欲にふけってデイ・トレーダーと化したわけではなかった。生活防衛のための「貯蓄から投資へ」だった面が多分にある。マジメな生活者が、自分の生活を守るためにカジノに足を踏み込んで行ったのである。

哀れ、胴元通貨の番人は影薄く

かくして、日本はグローバル・カジノの胴元と化した。ゴールディロックス経済の背後にジャパンマネーあり。そして円キャリートレードやＦＸ取引という乗り物に乗ってグローバル市場に出回った日本円という通貨あり。大したものである。一国の通貨がこれだけの影響をグローバルなスケールで発揮できるとなれば、これを「隠れ基軸通貨」と呼んでもいいだろう。「隠れ」であるところを奥ゆかしいと見るか、うら寂しいと見るかは、なかなか微妙だ。いずれにせよ、この間を通じて、日本円が今日の他の諸通貨には真似が出来ない胴元通貨としての芸当をやってのけて来たことは間違いない。

ところが、この胴元通貨の番人たる日本銀行は、この間、一貫してどうも影が薄かった。

ジャパンマネーがグローバル市場に流れ出たのは、確かに日本の金融政策の結果だ。だが、別段、日銀がこの結果を狙っていたわけではない。国内でカネが回り、それが国内経済を活性化することが本来の狙いであった。それなのに、肝心のカネは国内で回らず、グローバル市場に流れ出て行ってしまった。そして、ひとまずゴールディロックス経済を作り出し、やがてはリーマン・ショックに至るバブルの種となったのである。これだけの大事をしでかしている訳だが、それは、みずからの意図による展開ではなかった。むしろ、なす術のなさが、この結果を招いた。ここまで、国民国家の政策が当事者能力を失うのも、今の時代の大きな特徴だ。その姿を目の当たりにして、スミス先生は『国富論』のどこをどう書き換える必要があると考え始めておいでだろうか。

ちなみに、実をいうと『国富論』には「金融政策」という言葉がどこにも出て来ない。経済を語る著作の中に、金融政策への言及がない。今日の我々にとって、これは相当に啞然とする事実だ。だが、思えば、これもまた当然だ。前述の通り、『国富論』の世界は基本的に金貨・銀貨の世界である。それを大前提に、「証書もカネ同然に使われるようになってますよ」ということをスミス先生がさかんに指摘し、そのことの意味を懸命に解説している（第二篇第二章）。基本的にキンの切れ目がカネの切れ目の世界だったから、貨幣供給量を調整するといった金融政策などというものを展開する余地も必要性もほとんどなかったのである。その世界と改めて対比してみれば、管理通貨制の世界がいかに厄介な通貨的空間であるかが良くわかる。

しかもその上、いまやカネは国境を越える。それも、生産的投資以外の目的で国境を越える。『国富論』におけるカネへの言及は、かならず何がしかの生産的投資との関わりで出て来る。前述の通り、『国富論』において、カネはあくまでも使うためにある。しかも、この場合の「使う」という言葉には、見えざる枕詞がついている。それがすなわち「生産的に」という言葉だ。カネ回しのためのカネ回し、カネ増やしのためのカネ回しは、『国富論』におけるカネの使い道の中に含まれていないのである。その世界からやって来たスミス先生にとって、今の時代は腹が立つことばかりだろう。

マジメとカジノが出会う時

ただ、怒れるスミス先生も、だからといって我々に『国富論』的経済空間に戻るべしとはいわないだろう。いくらスコットランド人だからといって、それほど頭の固い先生ではないはずだ。ヒト・モノ・カネが国境を越えるこの驚くべき時代において、経済学は何を語り、経済政策は何を政策目的とし、金融はいかなる役割を担うべきであるのか。これらのことについて、腰を据えて考えるべし。そう励ましてくれるだろう。

そのように知恵を絞ろうとする中でふと思う。マジメ金融とカジノ金融の狭間には、本当のところ、何があるのだろう。今の世の中において、どうしても両者は出会ってしまう。両者の出会いを、改めて徹底的に排除しようとする動きがある。大勢として、その方向で世界各国の金融行政は動こうとしている。それは間違っていないと思う。正統性のある考え方だと思う。だが、それだけでいいのか。ここは少々気掛かりだ。

今の世界を、再び『国富論』の世界に封じ込めることは出来ない。それは無謀だ。だが、『国富論』の世界から学べることは実に多々ある。その一つが、状況は変わるということだ。今とあの時との違いを知れば知るほど、そのことを思い知る。状況が変われば、対応も変える必要がある。かつてのマジメ金融とカジノ金融の分離体制をそのまま再現することで、本当にこの第三次グローバル化時代にふさわしい金融秩序を構築することが出来るのか。そのように思いを巡らす中で、ひょっとすると、マジメ金融とカジノ金融が出会うその場所に、「マトモ金融」という新しい生き物が生息しているのではないか、という気もしてくる。この発想の行き着く先はまだわからない。スミス、リカード両先生にぶつけるには、まだいかにも熟成度が足りない。この思いつきを胸に秘めつつ、次章へと進んで行きたい。

第五章　スミス先生と現代へ

1. リーマン・ショックでミイラ捕りがミイラになった

清算されなかったリーマン・ショック

皆さんは、『スミス都へ行く』（"Mr. Smith goes to Washington"）という映画をご存知だろうか。一九三九年のアメリカ映画だ。フツーのおじさんがワシントンに乗り込んで、腐敗と堕落にまみれたアメリカ政界の浄化に挑む話である。我らのスミス氏はフツーのおじさんではなくて大先生だが、混迷と不安に満ちた我らの世界に秩序をもたらしていただけるだろうか。その期待に胸を膨らませながら、第一章で概観したグローバル長屋を先生とともに再訪してみよう。むろん、リカード先生も一緒である。ここまで来て、一人だけ十八世紀に送り返すのは可哀想すぎる。

まずは、アメリカ長屋である。この長屋を震撼させたのが、二〇〇八年九月に起きたリーマン・ショックだった。その衝撃は、瞬く間にグローバル長屋全体に及んだ。当時の現場に、ミニ・タイムスリップしてみよう。

来てみれば、まず出くわしたのがスキンヘッドのおっさんである。しかも、何と、「バズーカ砲を用意した」などと物騒なことを叫んでいる。どうもアメリカ長屋はきな臭くていけない。おっさんの名は、ヘンリー・〝ハンク〟・ポールソン。当時のアメリカの財務長官である。彼が用意したバズーカ砲は、カネの重火器だ。いくらでもカネの実弾を打ち込んで、金融恐慌の息の根を止めてやる。実に鼻息が荒かった。

銀行の不良債権は買い取る。大き過ぎて潰せない金融機関よ、我がもとに来たれ。しがらみが多過ぎて潰せない金融機関もまた、我がもとに来たれ。みんな救ってやる。おっさんは、そう豪語した。その瞬間から、この戦争は泥沼化に向かった。そして、ミイラ捕りがミイラになる道を辿るのであった。

リーマン・ブラザーズの破綻を受けて、財務省とFRB（連邦準備制度理事会）は七〇〇〇億ドルの資金を市場に注入した。まさしく、バズーカ砲だった。リーマン・ブラザーズこそ、〝援護射撃なし〟で見放したが、保険最大手のAIG（アメリカン・インターナショナル・グループ）は実質国有化した。自動車ビッグ3の一つ、かのGM（ゼネラル・モーターズ）も国の傘下に入れた。

二〇〇八年十月からは、金融安定化法にもとづき、バンク・オブ・アメリカをはじめとする大手九行とAIGに対し、総額七六五〇億ドルの公的資金を注入した。最もおんぶに抱っこしてもらったのが、シティグループだった。まず、十月に二五〇億ドルの公的資本が注入された。十一月にも、二〇〇億ドルの追加注入を受けた。最終的には、同グループの不良債権三〇六〇億ドルに伴う損失の大半を、国が肩代わりすることになった。これらの金融支援と並行して、公共事業のための財政出動も進んだ。まさに、止めどなきバズーカ砲の乱射が続いた。

兵器庫の在庫状況を顧みない乱射作戦は、当然ながら、アメリカの連邦財政を火の車に追い込んで行った。というよりは、そもそも既にして火の車だった訳であるから、猛火の車というべきだろう。かくして、金融恐慌転じて財政恐慌化の様相がどんどん深まっていくのであった。しかも、問題は財政状況の悪化ばかりではなかった。前述の金融安定化法に基づく支援措置は、要するに不良債権買い取りプログラムに他ならなかった。たちの悪い腫瘍を抱え込んだ患者に対して、バズーカ片手のスキンヘッド医者は、実を言えば治療を施した訳ではなかった。たちの悪い腫瘍を、患者の体から自分の体に移植したに過ぎなかった。これで、医者が決定的に健康を害してしまえば、元も子もない。この手の自己犠牲は、実に危険な急場しのぎだ。だが、あの時は、それがとってもマッチョで切れ味のいい対応だという幻想が世の中に広がった。そのイメージへのこだわりが、結局はマッチョマンを窮地に追い込んで行くのであった。

このプロセスには、FRBも加わった。財政の親分がスキンヘッド男のハンク・ポールソンなら、金融政策の方は修道僧風のベン・バーナンキが責任者だった。彼は二〇〇六年にFRB議長に就任した。承知の通り、今も現職である。修道僧のイメージにもかかわらず、バーナンキ議長による金融政策の采配も、結局はスキンヘッド男並にバズーカ的なものに終始してきたと言っていいだろう。日本と同じ轍は踏まないと言いながら、いまや、FRBの量的緩和もフェーズ3に入っている。実に様々な金融資産の購入を通じて、中央銀行が市場にカネを流し込んで来た。何が何でも、リーマン・ショックによる落ち込み前の水準に経済活動を押し戻す。それを使命と心得ての動き方だった。

スミス、リカード両先生ならどう考えるか

さて、ここでスミス、リカード両先生に感想をうかがってみよう。二十一世紀初の本格

的金融恐慌に立ち向かうアメリカの政策責任者たちの姿は、彼らの目にどのように映るのだろうか。『国富論』に金融政策という言葉が登場しないということには、前章で触れた。実をいえば、『国富論』には財政政策という言葉も登場しないのである。

国の財政への言及はある。言及どころか、第五篇が全て財政論に当てられている。国は何をするべきか。そのために、どのようにして財源を調達することが許されるのか。誰から税金を取るのか。政府の債務とはいかなるものか。それは何故発生するか。どのように処理されるべきものか。これらのことが幅広く丁寧に論じられている。だが、それは財政の仕組みや制度のあり方に関する論考であって、今日的な意味での財政政策を語っているわけではない。それもそのはずである。そもそも、今で言うような財政政策というものが、『国富論』の当時には存在しなかった。リカード先生の時代も然りだ。

今で言う財政政策とは、すなわち、経済の好不況に応じて財政が公共事業や増減税で調整機能を発揮するということである。このような形で、財政が民間経済の浮き沈みの振れを均すやり方を初めて提唱したのが、これまたケインズ先生なのである。カネを金本位制の軛《くびき》から解放した上で、そのカネを使って政府が経済の変動を上手に微調整する。そうすることによって、今日的言い方で言えば、「インフレ無き安定成長」を実現しようというわけであった。いわば、元祖ゴールディロックス男である。

ケインズ以前の世界を生きたスミス、リカード両先生にとって、スキンヘッドと修道僧のリーマン・ショックへの対応は、実に面白い研究対象だろう。そして、しばし考えた上で、まずスミス先生は次の疑問を投げかけるだろう。

いわく、「この二人は一体何をやろうとしているのか。バズーカ砲も量的緩和も、その意味は理解した。狙いはわかる。だが、なぜ彼らのような狙いの定め方をするのかがわからない。リーマン・ショックは、そこに至る経済活動の状況が維持不能なものだから発生したはずだ。その発生は、それ以前の状態とは別の状態に移行しなければいけないことを示唆していた。それなのに、二人はなぜ必死になってカネを注ぎ込み、リーマン・ショック前の状態に経済を引き戻そうとしているのか」

誠にごもっともである。先生の時代においては、産業資本が未発達だっただけに、恐慌さえもその本格的な姿を形成するにはいたっていなかったが、あれだけ経済の力学を突き詰めて多面的に考えた人類初の人であるから、勘所の押さえ方はさすがである。しかも、先生の時代には今日的な財政金融政策が存在しなかったわけであるから、余計な幻想や固定観念にとらわれることなく、問題の本質をすぐに見抜いている。ご指摘の通りだ。あの時、スキンヘッドと修道僧がやるべきことは、原状復帰ではなかった。やるべきことは、ポスト金融恐慌の新たな均衡点を探り当てることだった。

恐慌は経済活動のショック死現象だが、すこし視点を変えて見れば、洪水のようなものである。大河が溢れれば洪水になる。そして洪水がすべてを洗い流したあとには、次の生命の循環が始まる。その意味で、恐慌は、新たな均衡点を発見するための経済活動の自浄作用なのである。この自浄作用をせき止めることが、果たして政策の役割か。それは違うだろう。洪水に伴う被害を食い止める必要はある。バブルの破綻で自殺に追いやられる人々が続発するような事態に対しては、立ち向かって行かなければならない。人命救助は必要だ。だが、何もなかったがごとく、元の状態を再現するために奔走するのはおかしい。スミス先生の問題提起は全く正しい。

ひょっとすると、リカード先生の意見は違うかもしれない。何しろ、彼は株式トレーダーとして大儲けした。四十二歳で投機稼業からは足を洗ったが、その時点では、当時としては途方もない大金持ちになっていたのである。山師たるもの、次のバブルとその破綻に向けて再びテンションが上がることを否定したくはないかもしれない。だが、仮にそれが本音だとしても、きっとリカード先生はそれを表明することは差し控えるだろう。彼は

『国富論』に触発されてエコノミストの道に踏み込んだのである。初読が一七九九年のことだったそうである。先生二十七歳の時だ、初版本刊行の二十三年後のことである。あこがれの大先生を前にして、さすがの跳ね返り者も発言を慎むに違いない。

カジノ金融が〝ホント経済〟を窮地に落とし込む

ここから先は、グローバル長屋を全体的に俯瞰しながら探訪を進めていこう。『国富論』モードを頭の中に取り込んだ我々は、リーマン・ショック前後のグローバル長屋のアタフタ模様から、何を読み取ることが出来るだろう。

リーマン・ショック発生前夜の二〇〇八年三月、アメリカの投資銀行大手、ベア・スターンズが破綻した。サブプライム・ローン問題に端を発した金融の混迷の煽《あお》りを受けてのことである。同業のJPモルガン・チェースが救済合併に名乗りを上げ、さらにFRBが側面支援として、二九〇億ドルの特別融資を実施することになった。

狂乱金融の一角を形成した金融機関に対して、ここまで救いの手を差し伸べる必要が本当にあるのか。その是非をめぐり、当時の上下両院合同経済委員会でFRBのバーナンキ議長に厳しい質問が浴びせられた。質疑応答のなかで、彼は、ベア・スターンズの危機を放置すれば、その打撃は金融業界だけには留まらず、経済全体に厳しい影響を及ぼすだろうといった。〝リアル・エコノミー〟への影響を回避したい。それが救済劇の狙いだ。バーナンキ議長はそういった。

〝リアル・エコノミー〟とは、すなわち「実体経済」のことである。金融以外の経済セクターを指していると考えていい。ただ、カジノ金融の暴走に翻弄されている中でこの言葉を聞けば、〝リアル・エコノミー〟を〝ホント経済〟と読み替えたくもなって来る。本来であれば、カジノであれマジメであれ、金融はホント経済の展開力を高める役割を果たすのでなくてはいけない。どんなにカジノであっても、最終的にホント経済の健全な発展に寄与するのであれば、それはマトモ金融だといってもいいのかもしれない。

カジノ金融であっても、マトモ金融で有り得る場合があるのか。マジメ金融は、常に必ずマトモ金融なのか。これらのことについては、まだ良くわからない。だが、いずれにせよ、金融がマトモ金融であるためには、黒衣金融でなくてはならない。少なくとも、これは言えそうである。ホント経済が順当に発展出来るよう、名黒衣としてしっかりしたサポートを提供する。それが出来てこそのマトモ金融だろう。

だが、リーマン・ショックに至る過程の中で、金融はグローバルなスケールで黒衣の位置づけを大きく逸脱する道をたどった。ホント経済をサポートするどころか、ホント経済に妙な振り付けをつけて踊り狂わせ、登る必要のない山、登ることが危険な山の上に追い上げていった。経済は金融化し、誰もがカネを借り過ぎたり、貸し過ぎたり、借りてはいけないカネを借りて家を買ったり車を買ったりするようになった。かくして、ホント経済は本来の正常な規模をはるかに上回って膨張してしまった。そして、膨れ上がった我が身をホント経済が持て余すようになった時、正常値への回帰を強制的に実現しようとする恐慌の自己浄化作用が作動した。そして、その自己浄化作用の貫徹にバズーカ作戦が横やりを入れた。これがこの間の経緯だったわけである。

2. 出来の悪い魔法使いの弟子たち――『国富論』的見地から見たG20

グローバル長屋を管理出来ない管理組合

リーマン・ショックはグローバル長屋全体を大混迷に陥れた。これは大変ということで、長屋の旦那衆が鳩首協議に集まった。その場が、第一回のG20サミットだった。二〇〇八年十一月、リーマン・ショックの衝撃生々しき中での開催だった。場所はワシントンだった。

G20という集まりは、もともと、一九九九年に形が出来た。以前から、グローバル長屋にはG8という名の管理組合があった。昔からの長老たちを軸とする小振りな組織だった。だが、思えば、この集まりは、基本的に今回のグローバル化が始まる前から存在していた。そもそも、グローバル長屋がグローバル長屋として立ち上がる前からの定例会合である。それだけに、グローバル長屋の切り盛りに関するG8の力にはおのずと限界がある。その共通認識の下に新たに組織されたのが、G20だった。従来から、財務相・中央銀行総裁会議等の実務協議は開かれていた。だが、リーマン・ショックのようなスケールの大難発生となれば、ここはやっぱり総括責任者たちが一堂に会す必要がある。この共通認識がまとまって、ワシントンでのサミット会合の実現に至った。

さて、歴史的といってもいいこの会合の成果はどうだったか。端的に言って、事の重大さに比して危機感の共有が甘い集まりに止まった。その後、会合は定例化して今日に至っている。気掛かりなのは、この間に次第に会合のトーンが成長追求一直線になって来ていることだ。第一回と第二回の会合は、さすがに、それなりに金融大暴走の再発防止に目が向いていた。だが、四回目にカナダのトロントで開かれたG20サミットでは、「成長に優しい財政再建」がもっぱら焦点となった。財政再建は急務だ。だが、成長にも配慮しないとね。グローバル長屋管理組合の理事さんたちは、このメッセージを共同声明の中で打ち出した。

アメリカ長屋におけるミイラ捕りのミイラ化を食い止めるには、バズーカ作戦で膨らんだ財政赤字を何とかしなければいけない。折悪しく、ユーロ長屋でも財政問題がことのほか深刻になっている。ニッポン長屋の状況は言うに及ばずだ。対応を進めないわけにはいかない。だが、あまり財政再建にばかりかかり切りになると、成長力が低下する。もともと成長下支えのための財政出動だったわけであるから、財政が後退すれば、成長出来なくなるのは当然だ。これはまずい。だから、成長への優しさもお忘れなく。

こんな具合で「成長に優しい財政再建」のメッセージが発信されるにいたったのである。筆者は、かねがね、この言い方は「胃腸に優しい暴飲暴食」と言っているのと同じことだと考えて来た。両立するはずのないことを無理矢理に結びつけようとしている。これで展望が開けるわけがない。そもそも、恐慌の自己浄化作用を強引にせき止めたから、こういうことになる。初期対応がまずいと、必ずこういうことになる。どんどん、話が厄介になるばかりだ。

そして今や、G20のトーンはもっぱら成長優先に集約されて来てしまっている。財政再建にこだわっている場合ではない。何はともあれ、成長を追求しよう。グローバル長屋が全体として元気になれば、どこの長屋でも店賃の上がりが良くなる。そうなれば、財政もおのずと改善する。それでいいじゃあないか。この雰囲気がどんどん広がっている。かくして、次のバブルと恐慌への種が蒔かれる。その時、グローバル長屋の管理組合は一体どう対応するつもりなのか。

弥縫策に走ったツケが……

グローバル長屋管理組合の面々は、第一回の集まりの段階でリーマン・ショックに対する弥縫策的対応に早めの決着をつけるべく、決意を共有するべきだった。恐慌は、その痛みを和らげるべきであっても、その浄化作用をせき止めるべきものにあらず。いかに、この苦い良薬にその効用を発揮させるか。そこをみんなで考えよう。そのように合意していれば、実に上出来だった。だが、残念なことに、話はそのようには運ばなかった。もっと成長、もっと成長。効かない成長政策の無限拡大に向かって、事態はどんどん進んで行ってしまっている。

アメリカ長屋では、二〇一二年九月半ばにFRBがついに量的緩和策の第三弾目（QE3）の実施を発表した。住宅ローン担保証券（MBS）を毎月四〇〇億ドル規模で買い入れ、雇用情勢の好転をはかるという。

過去二回、QE1（二〇〇九年三月〜二〇一〇年三月）と、QE2（二〇一〇年十一月〜二〇一一年六月）がすでに実施されていて、第三弾に踏み切るかどうかが大いに注目されていた。

月間一〇〇〇億ドルを買い入れていた前の二回に比べれば、規模は縮小しているものの、「QE3のもとで買い入れられるMBSの総額は六〇〇〇億ドルにのぼる」(二〇一二年十月六日付ロイター)と予想されている。

そして、リーマン・ショックが起こる前から非常事態にあったニッポン長屋の財政は、まさに最悪の事態に瀕している。財政のバランスがここまで崩れているというのに、まだ、財政出動が足りないという議論さえある。金融政策がここまで感応度を失っているというのに、まだ、資金供給が足りないという文句が出る。その間にも、この豊かな国の中で貧困問題が深まっていく。

ユーロ長屋では、店賃支払い不能状態に陥りつつある店子たちに対して、お隣さんたちが奉加帳を回して支援する仕組みがあれこれつくられていく。だが、そのことに対する憤《ふん》懣《まん》と怒りの声は日に日に高まる。これまた、収拾がつかなくなりつつある。

この有様を見て、グローバル長屋歴訪中のスミス、リカード二人組はなんとおっしゃるか。スミス先生が「こいつら、最高に出来の悪い魔法使いの弟子どもだな」というだろう。リカード先生も、「ホントにそうですねぇ。師匠を追い返してどうするつもりなんでしょう」と受けるだろう。

皆さんは、「魔法使いの弟子」の物語をご存知だろう。師匠の留守の間に、弟子が水汲みをしておくよう命じられる。さぼりたい弟子は、魔法を使って箒に水汲みをやらせる。だが、かけた魔法の止め方を知らないから、箒は無限に水をくみ続ける。やがて、家全体が洪水に見舞われて洗い流されそうになる。そこに師匠が戻って来て、箒にかけた魔法を解いてくれる。何とか一件落着。

実に出来の悪い魔法使いの弟子の話だ。ところが、スミス先生はグローバル長屋の管理組合の方がもっと出来が悪いと思ったらしい。

それはなぜか。

その答えをリカード先生が示してくれている。せっかく師匠が帰って来てくれて、洪水を止めようとしているのに、弟子は、「先生、それは結構です。もっと洪水が続いて波が高くなれば、その波に乗って我々は逃げ切れるかもしれません。ですから、もっと洪水が激しくなるよう、箒の数を増やしましょう。彼らをもっと働かせましょう」。家の土台が崩れつつあるのに、何と浅はかなバカ野郎だ。もう勝手にしやがれ。呆れて、師匠は立ち去ってしまうだろう。両先生の審判通りだ。

3. グローバル長屋はどこへ行く?

政策が政策でなくなる時

弟子たちの出来の悪さもここまで来ると、飛んでもない本末転倒が起きる。政策とは、本来、民間市場の中で出来ないことをするために存在する。民間経済が窮地に陥った時、そこにレスキュー隊として出動するために、政策が出番を待っている。それが正常な姿だ。だが、第一章でも見た通り、いまや、財政面でも金融面でも、政策が窮地に陥っている。いまや、彼らをレスキューする観点から、次の一手を考えざるを得ない。国債の利回りが上がらないようにするための量的緩和。財政収支が改善するための成長戦略。全く本末転倒も甚だしい。

こうした状態を目の当たりにするにつけ、スミス、リカード両先生は、つくづく、自分たちの時代は楽だったと思うだろう。何しろ、金本位制のおかげで、政策というものに、ほとんど出番が無かった。出番が無いものは、レスキューを必要とすることはない。その出来の悪さがばれることもない。

ちなみに、両先生にとっては、恐慌そのものが実はかなり新鮮な体験であるはずだ。『国富論』の刊行時点で、世界はまだ本格的な恐慌を体験していなかったからだ。恐慌的現象に見舞われたケースはある。その一がオランダのいわゆる「チューリップ恐慌（Tulip Mania）」（一六三七年）だ。その二が「南海泡沫事件（South Sea Bubble）」（一七二〇年）だ。これが「バブル経済」という言葉の語源にもなった。スミス先生にとって、「チューリップ恐慌」は前世紀の歴史だ。「南海泡沫事件」は先生が生まれる三年前の出来事だから、もの心がついてから、その事件のことを聞かされたかもしれない。この事件については、『国富論』の中にも言及がある。リカード先生にとっては、いずれもむろん歴史の教科書の中の話だ。

これらの恐慌的現象は、十九世紀以降に周期的に襲来するようになった本格恐慌とは、基本的なところで性格が異なる。チューリップと南海は、いずれも外的攪乱要因による経済的な混乱だった。チューリップは、一部の投機家の狂乱の結末。南海は無理やりにつくった国策開発会社の破綻が発端だった。つまり、いずれも経済の内発的な力学による混迷ではなかった。

経済活動が、自律的にその過剰生産状態を清算しようとする。その時に起こる経済的洪水現象。それが本格恐慌だ。その到来は、産業資本というものの存在が定着し、工場生産の規模が大きく伸びる十九世紀以降のことになる。

本格恐慌もなく、政策機能に限界があるから、政策の失敗も起こらない。そのような世界からやってきた両先生にとって、どれほど、今の状態が複雑怪奇に見えることだろう。だが、もとより、それにめげる彼らではない。むしろ、何もなかったころの状態を熟知した状態で今を見るから、何が混迷の要因で、どこがどう本末転倒なのか良く見える。そうであるに違いない。

労働価値説は復活するか

スミス先生は労働価値説を説き、リカード先生は比較優位に基づく分業論を説いた。これらは、まさしく経済的思考の原点だ。我々が生きる第三次グローバル化時代は、この原点に回帰出来るのか。あるいは、あまりにも異なる世界に足を踏み込んでしまったがために、別の原点を見いださなければいけないということなのか。本格的には次章で考えるテーマだが、ここで、少し思いを巡らせてみよう。

スミス先生によれば、財の価値は、そこに投入された労働に帰着する。それならば、カジノ金融に狂うバンカーたちが、すさまじい高所得を享受しているのは、なぜなのか。ウォールストリート（金融業）とメインストリート（製造業）との間に、なぜ、著しい賃金格差が存在するのか。これはやむを得ないことなのだろうか？　むろん、そんなことはないはずだ。

確かに、二〇〇八年九月にバンク・オブ・アメリカに買収されたメリルリンチのCEOが、その年のボーナスに、一〇〇〇万ドルを要求したと報道されたことなどがあった。会社は救済合併され、国から一〇〇億ドルの資本注入を受けながら、である。AIGグループへの公的支援が決定した直後、系列の保険子会社の幹部たちが、高級リゾート地で、〝会議〟を開いていたことが暴露された。その経費は約四四万ドル。下院において、「国民に救済資金を出させておいて、自分たちはマッサージを受け、マニキュアしていたのか」との追及を受けた。

我らがグローバル時代の金融には、基本的にこのような放蕩・狂乱がつきものなのか。

それも、やっぱり違うだろうなと思う。証券化やその他のデリバティブ手法も、もとはリスク回避を目的に生み出されたものだ。バンカーたちの馬鹿げた高収入も、結局は経営の誤りだ。法外な給料を出さなければ、いい人材が集まらない。ライバル会社よりはいい条件を提示しなければ、競争に勝てない。そのような思い込みの果てしない連鎖が飛んでもない金銭感覚を生み出した。これも、一種の魔法使いの弟子問題だろう。この愚者の連鎖を止めてくれる師匠はどこにいるのか。その人を見つけ出す必要がある。その人の特性やいかに？　それを考えてご覧。スミス先生がそう言っている。

百年後に振り返ったとき、二十一世紀の最初の二、三十年は、「経済狂乱の時代」として位置づけられるようになるだろう。

その狂乱の最中をいま、われわれは邁進している。だから、まだ先を見通せない要素が多い。自覚のないままに、金融の世界の自己増殖に加担している人たちも少なくない。

これに対する警告として、リーマン・ショックやギリシャ金融危機が起こったり、LIBOR問題が明るみに出るなど、折々に天から鉄槌が下りて来ている。だが、然るべきメッセージとしてそれを受け取れずに、さしあたり、異様な風景の中をまっしぐらに歩き続けている。

だが、この魔法使いの弟子たちの夢遊病に対しては、反乱も起きている。二〇一一年九月に発生した〝ウォール街を占拠せよ〟のデモは、なかなか面白い光景だった。「我ら九九％（We are the 99％）」というスローガンに迫力があった。たった一％の富裕層と、それ以外の九九％の国民との恐るべき経済格差。それに人々が憤懣を露わにし、怒りをぶちまけた。その憤怒《ふんぬ》の矛先が、これほど直接的にカジノ金融の金回し人間たちへ向けられたことは、かつてなかった。人々はあきらめていない。反撃に出ている。その声が高らかになればなるほど、出来の悪い魔法使いの弟子たちも、その声に耳を傾けざるを得なくなる。

現に、こういう流れのなかでは、さすがに当事者たちも肩身は狭くなってきている。「自分たちは能力があるから、こんなに稼げるのだ」という一点突破では、突っ走りきれなくなってきているのが現状だ。今日的労働価値説が、その出番を待っている。それが現状だろう。

スミス、リカード両先生には、十八世紀から二十一世紀においで頂いている。我々が二十一世紀から二十四世紀に出かけていったら、そこには、どのようなヒト・モノ・カネの世界が待ち受けているのだろう。今、我々が持ち合わせていないどんな大道具・小道具をもって、どんな人々がどんな経済ドラマを繰り広げているのだろう。当然ながら想像を絶する。だが、それでもなお、変わっていないことはあるはずだ。経済の力学は必ず均衡点を求める。経済活動は、いつの時代においても人間の営みだ。したがって、人間の営みとして無理のある経済活動に対しては、必ず鉄槌が下る。現に、管理通貨体制下では、起こりようがないと思われていた恐慌という現象が、二十一世紀の我々を襲った。「見えざる手」は、形を変えて歴史の中を生き続けていく。そうに違いない。「見えざる手」だから、形がどう変わったのかが直ちには見えてこない。見えざるものを見透かす力。それが我々に求められている。引き続き両先生のお力を借りながら、次章で最後の挑戦に挑んでいくこととしたい。

第六章　そして、「新・国富論」の幕が開く

1．審査員はスミス先生とリカード先生

ケインズ先生はお断り

さて、ここからは、いよいよ我らの「新・国富論」を展開する場面である。学位論文の審査日を迎える学生さんの気分だ。

審査員は、もちろん、スミス先生とリカード先生である。当初は、スミス先生お一人の予定だった。だが、成り行きでリカード先生にもお願いすることになってしまった。どっちかに「不合格」の判定を出されたら困る。もっとも、スミス先生が不合格判定なら、もちろん、一巻の終わりだ。元祖『国富論』の先生の判定に異議を申し立てる訳にはいかない。諦めるしかないだろう。だが、リカード先生が「否」とされた場合には、スミス先生に説得して欲しい。説得できなければ、主審の特権をもって反対意見をねじ伏せて頂くほ

かはない。

ひょっとすると、ケインズ先生も審査員になりたがるかもしれない。途中で本書にチラホラ顔を出しているから、審査資格ありだと主張しそうな感もある。だが、これは断固お断りだ。毒舌で意地悪で自信過剰で他人には厳しいから、審査員としては最悪だ。第一、そもそも「新・国富論」の構築に苦労するのは、多分にケインズ先生のせいである。先生が金本位制から管理通貨制への通貨秩序の移行を目論み、国々の財政に経済変動に対する調整機能を持たせるなどという野望を抱くから、経済的な謎解きを進めることが厄介になった。変数は増えるし、因果の連鎖の見極めが難しくなった。

もっとも、公平を期するために言えば、ケインズ先生の様々な提言は、二十世紀に入り、大きく変わりつつあった経済環境の適確な情勢分析に基づく新機軸だった。

経済的地平が拡大し、生産体制が進化し、経済の舞台に登場する役者の数も種類も増えて行く中で、いかにして国民国家の経済を時代適合的なものに手直しして行くか。

産業資本というものの出現を踏まえて、いかにしてよりフェアで合理的な経済運営の在り方を確立するか。

これらのことを真剣・果敢に追求した結果が、ケインズの一般理論であり、経済活動への政策の関わり方に関するイノベーションの提案だったのである。その限りにおいて、ケインズ先生の功績はやっぱり偉大なのである。ただ単に性格が悪いということだけで、毛嫌いしてはいけない。

ただ、第三次グローバル化時代の「新・国富論」を考える上で、ケインズ的枠組が話を厄介にすることは間違いない。なぜなら、その枠組は財政を出動させて、景気を刺激するなど、国民国家の政策機能をより精緻化し、その効果を高めるために考案されたものだからである。

今日の国々の政策の在り方は、特段、いわゆる「ケインジアン」的な立場を自称しているか否かにかかわらず、ケインズ的な国民国家の政策機能を一つの前提として構築されている。ちなみに、ケインズ先生自身が「自分はケインジアンではない」と言っていたことは良く知られている通りだ。

たとえケインジアンと対立するマネタリスト的世界観をもって経済運営に当たっているとしても、国民国家というものの政策機能を軸に物を考えている限りにおいて、その思考の枠組みはケインズ的だといっていいだろう。

ところが、今の時代は、まさしくこの国民国家の政策機能が試練を迎えている。一方、スミス、リカード両先生からケインズ先生に至るまでの時代は、国民国家というものの輪郭と境界線は明確で、その一線を越えることが何を意味するかも明確だった。そのような歴史的局面の中にいたという意味で、彼らは同じ空間を共有していたといえる。

だが、ケインズ先生の時代に入って行く中で、国民国家の姿は大きく変貌し、近代化し、その内なる構造は多層化した。そのことにいち早く気がつき、そうした変化にふさわしい知的イノベーションを進めようとした点において、ケインズ先生は間違いなく偉大だ。だが、その偉大さに導かれた国民国家の経済運営が、国境無き時代における国民国家の存在を脅かしている。そのような面があるのだと思う。

その観点からいえば、ケインズ先生には、ますます審査員席にお座り頂く訳にはいかない。むしろ、審査される側に一緒に座って頂きたいところだ。敵に回せば怖いが、味方としては超優秀である。もっとも、あまり自己弁護に必死になられると、かえってヤブヘビだ。審査員の反感を買う。それはまだしも、依怙地は本当の「新・国富論」の発見の妨げになる。素直にしなやかに、中央突破で「新・国富論」の勘所を考えて行くとどうなるか。細工は流々と胸を張るわけには到底いかないが、仕上げをご覧じろ、とは言わなければならないタイミングが来てしまった。いざ、審査へ。

2. 第一次接近：問題の抽出

まずはパズルのピースから

この種の大それたテーマに挑むには、何はともあれ、基本に忠実に行くことが鉄則だ。これまでの分析調査の結果、何がわかったか。何が見えて来たか。どこに疑問が残ったか。どの辺に謎解きの勘所がありそうか。落とし穴はどの辺にありそうか。それらのことを、まずは丹念に整理してみる必要がある。いよいよ、第二章で旗を立てて置いた脳内メモなどを見直す場面だ。スミス、リカード弥次喜多両先生との旅の中で、先生たちに提起して頂いた問題点にも、改めて思いを馳せ直さなければならない。

ここで、あまり考え込むのは禁物である。諸問題の間の相互関係を頭の中で整理しようとしたり、完成度の高い文章をいきなり書き下ろそうとしてはいけない。取り組む姿勢をそのようにセットアップしてしまうと、先に進めない。ひたすら沈思黙考しているうちに、時間ばかりが過ぎて行く。時間が過ぎれば焦りが高まる。焦りが高まると結論を急ぐ。結論を急ぐとゴリ押しになる。ゴリ押しは、結局、どこかで行き詰まる。結局は振り出しに戻るほかはなくなる。その時、もはや、振り出しに戻る時間は残されていないかもしれない。

然らば、考え込む代わりにどうするか。ジグソー・パズルのピースをかき集めるのである。「新・国富論」という名のモザイク名画（になるといいが）を完成するために無くてはならないと思われるピース、あれば面白そうなピース、隠し味になりそうなピース。それらを、とりあえず後先を考えず手当たり次第にリスト・アップしてみるのである。

ちなみにいえば、これは、およそ世に名探偵と名のつく謎解きの名人たちがよくやるやり方だ。今、自分には何がわかっているか。どのような事実が気になったか。わかっていないが、解明する必要がありそうなことは何か。誰に何を聞いた方がよさそうか。そのような諸々を、思いつくまま箇条書きしてみる。それをやっているうちに、ひょっとすると何らかの脈絡が見えて来るかもしれない。ひとまずは、まるで脈絡が見えないかもしれない。だが、それでいい。見えないなら、なぜ見えないかを考えればいい。可能性は無限だ。

というわけで、まずはパズルのピースの箇条書きメモの作成にとりかかろう。第五章までで明らかになったこと、そして、新たに浮上した問いを元に思いつくままに行けば、以下の通りだ。

(1) グローバル・サプライ・チェーンと古典的分業論との関係やいかに？
(2) 今も昔も、カネは隙あらば出しゃばるものらしい
(3)『国富論』の時代には、国家とその政策がヒト・モノ・カネを振り回した。我らのグローバル時代においては、逆にヒト・モノ・カネが国とその政策を振り回す
(4) 見えざる手がもたらす合成の勝利
(5) 国境無きグローバル時代は、合成の勝利が合成の誤謬へと転化する世界なのか？
(6) 解体の誤謬(全体最適が全員最適を必ずしももたらさない)こそ、「新・国富論」のテーマ(なお、第三章では「全体最適」「部分最適」という言い方をしたが、ここから先は「部分最適」ではなく「全員最適」を「全体最適」と対比して考えて行きたい。「部分最適」と「全員最適」は微妙に違う。「部分最適」という時、視点はまさに「一部分」に絞られている。これに対して「全員最適」はまさに「全員」をみている。「部分最適」は「誰かが」のニュアンス、「全員最適」は「誰もが」のニュアンスである)

(7)『国富論』の見えざる手は需要の漏れが無いことが前提
(8)国境を越えた需要の漏れで見えざる手が神通力を失えば、見える手に依存するほかは無し？
(9)『国富論』において、国民経済は自己完結体系。モノは国境を越えても富は必ず国に帰属する
(10)わが社のためはお国のため？
(11)我らのグローバル時代は全富論の世界にして国富論の世界にあらず（全体最適は全員最適と同値に非ず）
(12)交換動機に基づく分業＝社会的分業。工程分業との違いに留意
(13)未開社会の効用
(14)分業は人間をゾンビにする
(15)究極の分業時代である我らの時代は究極の人間破壊時代か
(16)諸国民の富と諸国家の富はどう違う？
(17)市場の国際化をいくら積み重ねてもグローバル市場にはならない
(18)グローバル市場は国際市場と同じ原理では動かない

(19) 国際市場は国際競争の世界
(20) グローバル市場はグローバル・サプライ・チェーンの市場。すなわち（国際）協調の市場。誰かがいるから、誰もがいられる
(21) グローバル・サプライ・チェーンは小さき者が大なる者を支える構図
(22) グローバル・サプライ・チェーンと国家の求心力との関係は？
(23) 二国二財モデルと羊羹チャート
(24) 立国主義の限界
(25) 立企業・対・立国家
(26) カネの価値はキンにあらず。ため込むことには意味がない
(27) 独り占めと出し惜しみの重商主義
(28) 貯蓄と投資の関係
(29) 「新・国富論」ならぬ新重商主義の時代？
(30) マジメ金融・カジノ金融・マトモ金融
(31) グローバル長屋の管理組合の在り方
(32) 政策不能時代の政策の在り方

(33) 我らがグローバル時代における労働価値説や、いかに？
(34) 国民国家ベースの富の性格と要因を知り尽くしていればこそ、国境無き時代の真相がすぐわかる
(35) ヒトに優しい『国富論』
(36) スコットランド魂と「新・国富論」
(37) ミイラ捕りのミイラ化
(38) 禁断の一線を越える中央銀行
(39) 出来の悪い魔法使いの弟子たち
(40) 止まらない恐慌
(41) 金融から消えゆく信用
(42) 重人主義

ざっと四二個の問題が出て来た。ひとまず順不同である。重複もある。出発点はこれでいい。この状態で、ひとまず考える。明らかに、同じジャンルに属する項目がある。それらは名寄せしてグループ分けしてみよう。それをやると、どうなるか。

3. 第二次接近：課題の整理

ピースを箱に入れてみる

箇条書きメモの分類作業は、要するにパズルのピースの選り分け作業だ。幾つか箱を用意して、それらの箱の中に、恐らくはパズルの中の同じ部分のパーツを構成するものと思われるピースたちを入れていく。むろん、この当初の箱詰め作業は見当違いかもしれない。いかにも、同じ図柄の一部だと思われるピースたちが、実は全くかけ離れた部分に属していたりする。それがパズルの面白いところだ。真っ白な雲の一部に違いないと思ったピースが、実際には黒ネコのしっぽの白い先っちょだったりするのである。推理小説の女王、アガサ・クリスティの筆になる名探偵中の名探偵、エルキュール・ポワロ先生が、ある作品の中でそう言っている。したがって、この段階でも、まだあまり難しく考えてはいけない。とりあえず、気軽にさっさと箱分けを試みてみよう。

まず、箱は五つ用意してみる。なぜ五つか。『国富論』が五篇編成だからということがあるが、それほどこだわったわけではない。ちょうど、うまい具合にそうなった。いずれ、これらの箱の中に中仕切りを設ける必要が出て来るだろう。

それぞれの箱に名前をつけよう。ヒト・モノ・カネ・クニ・ワクとする。ヒト・モノ・カネは説明を要しない。クニは、ご明察の通り「国」である。ワクは「枠」。「新・国富論」の全体的な枠組づくりに関わりがありそうなピースは、この箱に入れる。さっさと放り込んでみた結果は以下の通りだ。

◆ヒトの箱

(13) 未開社会の効用
(14) 分業は人間をゾンビにする
(15) 究極の分業時代である我らの時代は究極の人間破壊時代か
(33) 我らがグローバル時代における労働価値説や、いかに？
(35) ヒトに優しい『国富論』

（42）重人主義

◆モノの箱

（1）グローバル・サプライ・チェーンと古典的分業論との関係やいかに？
（12）交換動機に基づく分業＝社会的分業。工程分業との違いに留意
（17）市場の国際化をいくら積み重ねてもグローバル市場にはならない
（18）グローバル市場は国際市場と同じ原理では動かない
（19）国際市場は国際競争の世界
（20）グローバル市場はグローバル・サプライ・チェーンの市場。すなわち（国際）協調の市場。誰かがいるから、誰もがいられる
（21）グローバル・サプライ・チェーンは小さき者が大なる者を支える構図
（22）グローバル・サプライ・チェーンと国家の求心力との関係は？
（23）二国二財モデルと羊羹チャート

◆カネの箱

◆クニの箱

(25) 立企業・対・立国家
(32) 政策不能時代の政策の在り方
(34) 国民国家ベースの富の性格と要因を知り尽くしていればこそ、国境無き時代の真相がすぐわかる
(37) ミイラ捕りのミイラ化
(38) 禁断の一線を越える中央銀行
(39) 出来の悪い魔法使いの弟子たち

◆ワクの箱

(4) 見えざる手がもたらす合成の勝利
(5) 国境無きグローバル時代は、合成の勝利が合成の誤謬へと転化する世界なのか？
(6) 解体の誤謬（全体最適が全員最適を必ずしももたらさない）こそ、「新・国富論」のテーマ
(7) 『国富論』の見えざる手は需要の漏れが無いことが前提
(8) 国境を越えた需要の漏れで見えざる手が神通力を失えば、見える手に依存するほ

かは無し？
(11) 我らのグローバル時代は全富論の世界にして国富論の世界にあらず（全体最適は全員最適と同値に非ず）
(29)「新・国富論」ならぬ新重商主義の時代？
(31) グローバル長屋の管理組合の在り方
(36) スコットランド魂と「新・国富論」
(40) 止まらない恐慌

こんな具合になった。ここからどう進むか。ひとまず各箱の中に入ったピースの数を数えてみよう。次の通りだ。

◆ヒトの箱　六ピース
◆モノの箱　九ピース
◆カネの箱　六ピース
◆クニの箱　一一ピース
◆ワクの箱　一〇ピース

なるほど。ヒト・モノ・カネの箱に計一二ピース。クニとワクの箱にも計一二ピース。なんとなく美しい配分になった。このことは何を意味するか。我らがグローバル時代において、ヒト・モノ・カネは国境を越える。そのことが、クニの自己完結性とその政策の効力を脅かしている。だから、ワクを考え直さなければならない。このような筋書に、ピースの数の振り分けられ方がどうも符合しているような感じだ。もとより、単なる偶然である。いや、あるいは、見えざる啓示のお導きかもしれない。少し、展望が開けて来た感がある。先に進もう。

4. 第三次接近：検討項目の設定

箱の中を区分けしよう

さて、そこでどうするか。前述の通り、この辺りで箱の中に仕切りを入れて行くといいかもしれない。同時に、少し箱の並べ替えもしてみよう。話の筋道との関係で、この方がいいかもしれない。まずはやってみる。ダメなら、すぐにやり直せばいい。まだまだ、あまり深く考える段階ではない。仕切りによって区分けされた小箱のそれぞれに、とりあえず名前をつける。これもざっくりした散文的暫定呼称だ。ここでは、あまりネーミングに凝らない。

◆モノの箱

モノ小箱1：古典的分業

（12）交換動機に基づく分業＝社会的分業。工程分業との違いに留意

モノ小箱2：国際市場とグローバル市場

(17)市場の国際化をいくら積み重ねてもグローバル市場にはならない
(18)グローバル市場は国際市場と同じ原理では動かない
(19)国際市場は国際競争の世界

モノ小箱3：今日的分業＝グローバル・サプライ・チェーン
(1)グローバル・サプライ・チェーンと古典的分業論との関係やいかに？
(20)グローバル市場はグローバル・サプライ・チェーンの市場。すなわち（国際）協調の市場。誰かがいるから、誰もがいられる
(21)グローバル・サプライ・チェーンは小さき者が大なる者を支える構図
(22)グローバル・サプライ・チェーンと国家の求心力との関係は？
(23)二国二財モデルと羊羹チャート

◆クニの箱

クニ小箱1：国民国家の自己完結性
(9)『国富論』において、国民経済は自己完結体系。モノは国境を越えても富は必ず国に帰属する

(34)国民国家ベースの富の性格と要因を知り尽くしていればこそ、国境無き時代の真相がすぐわかる
(16)諸国民の富と諸国家の富はどう違う?
クニ小箱2:企業対国家
(10)わが社のためはお国のため?
(24)立国主義の限界
(25)立企業・対・立国家
クニ小箱3:国の壁を越えられない政策の悲哀
(3)『国富論』の時代には、国家とその政策がヒト・モノ・カネを振り回した。我らのグローバル時代においては、逆にヒト・モノ・カネが国とその政策を振り回す
(32)政策不能時代の政策の在り方
(37)ミイラ捕りのミイラ化
(38)禁断の一線を越える中央銀行
(39)出来の悪い魔法使いの弟子たち

◆カネの箱

カネ小箱1：カネの正体

（2）今も昔も、カネは隙あらば出しゃばるものらしい

（26）カネの価値はキンにあらず。ため込むことには意味がない

カネ小箱2：カネと重商主義

（27）独り占めと出し惜しみの重商主義

（28）貯蓄と投資の関係

カネ小箱3：今日のカネ問題

（30）マジメ金融・カジノ金融・マトモ金融

（41）金融から消えゆく信用

◆ヒトの箱

ヒト小箱1：ヒトと分業の関係

（13）未開社会の効用

◆ワクの箱

（5）国境無きグローバル時代は、合成の勝利が合成の誤謬へと転化する世界なのか？
（6）解体の誤謬（全体最適が全員最適を必ずしももたらさない）こそ、「新・国富論」のテーマ
（11）我らのグローバル時代は全富論の世界にして国富論の世界にあらず（全体最適は全員最適と同値に非ず）
ワク小箱3：我らがグローバル時代の困った現実
（29）「新・国富論」ならぬ新重商主義の時代？
（40）止まらない恐慌
ワク小箱4：そこで我らはどこへ行く？
（31）グローバル長屋の管理組合の在り方
（36）スコットランド魂と「新・国富論」

以上のようになった。
ここからどう進むか。

少し不安が残るが、この大箱・小箱群を使って、そろそろ、「新・国富論」という名のパズルの骨格づくりに挑んでみよう。ここからは、少々、あれこれ思いを巡らし始めていいだろう。取りこぼしはないか。脈絡はついて来た。ゴールに辿りつけそうか。ゴールの風景はどのようなものになりそうか。何はともあれ、やってみよう。

5. 枠組づくりへの挑戦

パズルにピースをはめ込もう

というわけで、いよいよ、「新・国富論」のパズルにピースをはめ込んでいく段階に来た。ただ、実をいえば、この言い方はあまり正確ではない。なぜなら、このパズルはそもそも予め絵柄が決まっているわけではない。ピースを置いていくことによって、最終的な絵柄が次第に姿を現す。そんなとんでもなく厄介なパズルなのである。ピカソ顔負けのキュビズム的な仕上がりになってしまったらどうするか。いくらこれが真理だといっても、審査員たちの美意識には合わないかもしれない。あまり古典的に風雅な出来栄えになっても困る。それでは、何のための「新・国富論」なのかわからなくなってしまう。そのようなことを思い悩みながら、大箱小箱からピースを取り出し、パズルづくりを進めて行くことする。

　まず、パズルの全体観を考えよう。大箱の数にしたがって、このパズルは五つのブロックによって構成される。「ヒト・モノ・カネ・クニ・ワク」の五ブロックである。ただ、ブロックといっても、三角形とか四角形のような鋭角的で動きのないブロックではない。形而上絵画の巨匠、サルバドール・ダリが好んで描くクネクネした時計のように、アメーバ状の姿をしたブロックである。これらがフニャフニャと組み合わさって「新・国富論」の全体構図を形成している。

　その姿はどのようなものか。

　それは、要するにドーナッツである。ヒト・モノ・カネ・クニの四つのアメーバが連なってドーナッツの輪をつくる。そして、ドーナッツの穴の部分がワクのブロックだ。つまり、ワクの形はヒト・モノ・カネ・クニの四つのアメーバ・ブロックの形によって決まる。そして、アメーバ・ブロックの形が変われば、ワクの形もまた変わる。

　通常、ワクというものは外側にあるからワクである。外側にあって、その中の世界の姿形を規定する。それがワクのワクたる所以である。だが、「新・国富論」の世界はどうもそうではないように思える。その周囲を取り囲むヒト・モノ・カネ・クニの状況が、ワクの在り方を規定する。初めにワクありきでヒト・モノ・カネ・クニを縛らない。そんな融通無碍さが、「新・国富論」に求められるような気がする。つまり、「新・国富論」は生きている。このパズルは動くパズルだ。なぜ動くかといえば、それは、それぞれのアメーバ・ブロックに物語があるからだ。物語は常に進行する。だから、「新・国富論」のパズルは動くパズルなのである。今日には今日の「新・国富論」の世界がある。明日には明日の「新・国富論」があるだろう。ただし、この物語は常に連続物だ。スミス先生の元祖『国富論』を原点として、連綿と続く一大叙事詩だ。アメーバ・ドーナッツが、時に悠然と、時に目まぐるしく形を変えながら、時空を超えて浮遊していく。しかし、その軌跡を遡れば、必ずスミス先生の世界に立ち戻る。そんなイメージである。

6. パズルの中の物語を読む

ワクはドーナッツの穴

なかなか奇妙な「新・国富論」パズルのイメージが出来上がったところで、それを構成する五つのアメーバ・ブロックについて、それぞれの物語を読み込んでみよう。ただし、これらの物語は、あくまでも、今の時点での物語だ。百年後に「新・国富論」パズルに誰かが再挑戦した時、そこには、また別の新たな物語が挑戦者を待っている。

物語の検討は、第四節の「第三次接近」で設定した順序に従ってモノ・クニ・カネ・ヒト・ワクの順で進めたい。各ブロックにはそれぞれの物語があるが、それらの物語は相互に繋がっている。だからこそ、ドーナッツとその穴なのである。したがって、話は流れに従って進めなければいけない。第一話の後にいきなり第四話を読んでも、何が何だかわからない。この観点から考えると、どうも、「モノ・クニ・カネ・ヒト・ワク」が正しい順序のように思える。なかんずく、「ワク」に関していえば、上述の通り、これはドーナッツの穴であるから、どうしても最後に持っていくことになる。

前置きはこれでもう充分だ。パズルのピースたちが織りなす物語の世界に踏み込もう。

モノ物語：交換から羊羹へ――変貌する分業の世界

モノ・ブロックの物語は、すなわち分業の物語だといっていい。かつて、スミス先生は工程分業と社会的分業について語った。工程分業は、支え合いのための分業だ。生産工程を人々が分割担当することで、効率を上げ、成果を高める。それが工程分業の美学だ。支え合いの工程分業に対して、社会的分業は分かち合いの世界だ。人々が、それぞれ得意分野に特化してモノをつくる。そして、その成果を交換し合う。生産物を分かち合うことによって、みんながより豊かな生活を享受することが出来る。他人とモノを交換し合うという行為には、社会性がある。単なる効率性追求に止まらない分業の意義を、スミス先生が指摘した。

支え合い分業にせよ、分かち合い分業にせよ、その在り方を規定するのが市場だ。スミス先生がそう言っている。確かにそうだ。市場が大きければ、生産規模は拡大する。生産規模が拡大すれば、支え合い分業である工程分業の効用は一段と高まる。そしてまた、市場が大きければ、特化と交換の余地もそれだけ広がり、分かち合い分業である社会的分業が多様化し高度化する。

分業と市場のこの関係を踏まえて、スミス先生は国境を越えた分業の利益を語った。そして、その利益を手に入れようとしない重商主義者たちを糾弾した。

スミス先生の分業論に触発されて、リカード先生が、国際分業の世界に比較優位に基づく特化の考え方を導入した。これは、貿易理論の世界において画期的な出来事だった。英国・ポルトガル間の毛織物とワインの交換取引を題材に、リカード先生が二国二財モデルで比較優位の理論を構築した時、国際分業の理論は概ね完成領域に入った。それが、かつての常識だった。実際問題として、筆者が大学生だった頃、貿易理論の分業篇といえば、もっぱら、比較優位の理論と特化の話に終始していた。むろん、リカード以降においても分業論は様々な発展を遂げたし、新たな学説も登場した。だが、それらの新理論も、基本的には、比較優位の理論の発展形態だったと言っていい。

ところが、グローバル時代の到来とともに、様相が大きく変わった。まずは、市場が大きく変わった。具体的には、第三章で見た通りである。諸国内市場をはぎ合わせて出来上がる国際市場が、継ぎ目無しのグローバル市場に変貌した。国際市場がモザイク画なら、グローバル市場はフレスコ画だ。グローバル市場は国際市場の拡大版ではない。両者は質が違う。質が違うから、そこに働く経済的力学の性質も違う。もはや、国々がお互いの国内市場に対して、比較優位に基づいた製品を送り込み合うという取引形態ではなくなっている。一つのグローバル市場に照準を合わせて、多数の国境をまたいだグローバル・サプライ・チェーンの中で製品が出来上がって行く。この寄木細工型の生産体系が、グローバル時代の到来とともに現出した。

この新しい生産体系に関して、第三章で「羊羹チャート」の概念をご紹介した。既述の通り、筆者のゼミ生の考案になる今日的分業の構図だ。スミス、リカード両先生の時代には、各国がそれぞれ国内で一本の羊羹を最初から最後まで作り上げていた。いいかえれば、彼らの時代において工程分業が国境を越えることはなかった。何しろ、両先生の時代には、輸送手段にもコミュニケーションにも限界があった。国境をまたいでピンの生産工程を分散させることは、実際問題として現実的なオプションではなかったのである。だが、今は違う。生産の最適配置を求めて、羊羹はいくらでも国境を越える。かつては一本の羊羹を丸ごと独占していた国々の生産者たちも、次第に巨大にして恐ろしく長い羊羹の一角へと追いやられていく。

社会的分業の構図も変わった。「ポルトガルがワインの生産に特化する」という言い方が出来なくなった。かりに、ポルトガルのモノづくり企業が全てワイン生産に特化したとしても、彼らの生産活動そのものが全てポルトガルで行なわれるとは限らない。主たる生産拠点は中国になるかもしれない。ブラジルになるかもしれない。どこになるかわからない。こうして、社会的分業を実現するための工程分業が国境を越えるようになっている。そのため、分業のメリットを最終的に誰がどう享受するのかということが、極めて見定め難くなってしまった。

ここでふと頭に浮かぶのが、「合意的国際分業」という言葉だ。これは、日本における貿易理論の代表的研究者、赤松要氏のお弟子さんだった小島清氏（一九二〇年五月二十二日～二〇一〇年一月七日）がかつて提唱した考え方である。基本的に読んで字のごとしだ。必ずしも比較優位の構図が定かではないような場合においても、国々あるいは企業間の合意に基づいて、特化する分野や工程を決めていくという考え方だ。要は、そうすることで無駄なつぶし合いを回避し、お互いに居心地の良いすみわけの構図をつくればいいということである。これと同様の発想に基づいて、「ＡＳＥＡＮカー」構想というものが話題になった時期もある。ＡＳＥＡＮ（東南アジア諸国連合）の中で、国境を越えた工程分業体制を確立し、オールＡＳＥＡＮの力を結集して、一つの車種の自動車を組み立て上げるという構想だった。国家間合意に基づいて、国際的な工程分業の構図を練り上げようという発想である。

合意的国際分業論は、さしあたりさほどの市民権を得ないまま今日に至っている模様だ。だが、思えば、今日のグローバル・サプライ・チェーンは、いわば合意無き合意的国際分業の産物のようなものだ。自然発生型合意的国際分業といってもいいかもしれない。ただ、小島清氏の合意的国際分業論においても、かの羊羹チャートが我々に示してくれるような生産者の国籍と生産拠点の所在地の不一致問題は、一切、想定の中に入っていない。この一点において、今日の世界と、国民経済レベルでの分業をイメージした従来型の貿易理論の世界とは、実に大きく性格を異にしている。合意的国際分業論にしても、その基本形は国家間における計画的な合意に基づく産業配置だ。ヒト・モノ・カネが勝手に国境を越える今、このアプローチには、本質的なところで時代適合性を欠くものがある。だが、然らば、国とその政策には、今日的な風景の中でいかなる役割が残されているのか。このように考えていく中で、モノ物語は、おのずとクニ物語へと展開していく。というわけで、クニのブロックへと進んでいこう。

羊羹チャートがもたらす絆

ただし、ここで一つ付言しておくべきことがある。羊羹チャートは国民国家にとって厄介な存在だ。企業と国との関係もこのモデルのおかげですっかり狂って来た。一本の羊羹が丸ごと国の中に納まっていた時、世の中はとても単純明快だったし、企業と国の関係も自ずと円満だった。まさしく、企業と国との間には常にいわゆる「ウィン・ウィン」関係が成り立っていたのである。この関係を突き崩す可能性を内包する羊羹チャートは、国民国家にとって確かに悩みの種だ。しかも、このモデルの下では雇用機会が国外に流出しがちだ。この点は次のクニ物語、そしてヒト物語のテーマでもある。詳しくはそれらの項に譲るが、こうした諸問題の存在にもかかわらず、羊羹チャートには重要な効用が一つある。それがここで付言しておきたい点なのである。

その重要な効用とは、要するに、羊羹チャートが壮大な支え合いの構図にほかならないということである。その中においては、小よく大を支える。一本の釘の小さな作り手が倒れれば、巨大構造物の巨大な作り手が立ち往生する。一寸の虫の魂が巨人の命を左右する。この絆を軽視してはいけない。あなどってはいけない。みくびってはいけない。実に貴重な絆だ。

考えようによっては、こうした絆は、それこそ諸国民の中に他国民について思いやる感覚を醸成する大切な糠床《ぬかどこ》となってくれるはずだ。規模も組織も文化も背景もまるで異なる集団が、地球をまたいでつながりを持つ。その時、諸国民は他国民について無関心でいられるはずがない。ひょっとすると、この辺りに「新・国富論」の一つの勘所と、国境無き時代における国民国家の残された役割の一端を見いだすことが出来るかもしれない。

ただ、別の問題もある。すなわち、羊羹チャート上で、国々や企業たちがポジション取り競争を始めると、支え合い転じて奪い合いになってしまう。現実に、そうなっている面はある。そこをどうするかも、国境無き時代の国々と政策が考えるべきテーマだろう。これら一連のことをまたもや脳内メモを書き込んだ上で、クニ物語のページを開こう。

クニ物語：国破れて地球あり――自己喪失に悩む国民国家

スミス先生の「見えざる手」論は、基本的に国民経済が自己完結的な経済体系であることを前提にしていた。これも第三章で確認した通りである。『国富論』の世界においても、モノは国境を越えている。したがって、国民経済が閉鎖経済体系であることを想定しているわけではない。外に向かって開かれてはいる。だが、自国のモノが国境を越えて取り引きされる時、そのことに伴って発生する富は、必ず自国に帰属する。ここが重要なところだ。企業は儲けを追求して経営を展開する。そのことが生み出す付加価値は、その全てが国民経済としての付加価値の一端を形成する。付加価値の対外漏出は一切発生しない。企業が何をやっても、儲かりさえすれば、そのことは確実に国の富の増加につながる。こういう仕組みになっているのであれば、まさしく、「見えざる手」に万事を任せておいていい。何も、「見える手」の強権をもって企業の行動を愛国的方向に向かって誘導せずとも、企業はおのずとお国のために成果を生んでくれる。

ところが、今の世の中はそのようには出来ていない。企業がいくら儲けても、彼らが生み出した富が自ずとその母国に帰属するとは、もはや限らなくなっている。租税回避のために海外に本社を移されてしまえば、彼らから税金を取ることが出来なくなる。そのようなあからさまな裏切り行為をしないまでも、工場を海外に持って行かれてしまえば、その分、国内の雇用が減る。モノづくりの話ばかりではない。ヒトもまた、収入が高くなるとやっぱり租税回避地に逃げていったりしてしまう。スミス先生の時代にも、オペラ歌手や芸術家などは、あちこちと住まいを替えた。それに伴って彼らの納税行動がどうなっていたかは、正直なところ、これからの調査課題だ。だが、いずれにせよ、彼らのように国境を越えて転々と居住地を替える人々が、あの当時においてそう多くなかったことは間違いない。人の移動による富の喪失も、国庫にとってさほどのダメージにはなっていなかったはずである。ちなみに、モーツァルトの場合には、彼の死亡時における相続税に関わって、資産の大幅な過少査定が行なわれたらしい。残された妻への配慮だという。

蛇足はともかく、国民が生み出す富を国家がどこまで集約出来るかという点において、今と昔は明らかに大きく違う。カネに関してはもとより然りだ。今日、カネは収益が高くてコストが低い場所を求めて、猛スピードで地球上を駆け巡る。国境を越えられない国々には、とてもついて行くことが出来ない。

かくして、今日は「〇〇立国」という言い方も、またなかなか成り立たない。「輸出立国」といっても、輸出企業が海外拠点で生産したものをそのままグローバル市場で売るということになれば、それはその企業の出身国の輸出統計には入って来ない。日本企業の中国拠点から出荷されていく品物は、中国の輸出統計に計上される。その製品が日本国内で販売されるのであれば、それはなんと、日本の輸入にカウントされることになる。こうして、今日においては、「福は内、鬼は外」を図ることが実に難しくなっている。そもそも、どこまでが内で、どこからが外だか良くわからなくなっているのである。

国に残された役割

このような状態が続いていくと、何が起こるか。結局のところ、税金が最も低くて、人件費が最も安くて、資産が最も効率的に運用出来る場所に向かって、ヒト・モノ・カネが国境を越えてどんどん吸引されていってしまう。すると、国境の内側には、何が残るか。それはすなわち、富を求めて国境を越えられない者たちにほかならない。儲からない企業。運用する資産がない人。租税回避しなければならないほど収入のない人。そもそも、収入がまるで無い人。国境を越えて自己展開するノウハウの無い企業や人々。病弱な人々。リストアップしていくと、なかなか悲しくなって来る。このような状態では、「国富論」ならぬ「国負論」を語ることになってしまう。

だが、思えば、国というものは、まさしくこのような人々のために存在するという面がある。国や政策が、自力で勝手に飛び回る人々のために何かをする必要はない。自己展開する権利があるのに、その権利を行使できない人々のために尽くすことこそ、国や政策の本領発揮の場面であるはずだ。助けを要する人々が多いことを、国が憂うのは筋違いだ。

ただ、「国負論」状態になってしまうと、そのような弱者のための救い手の役割を果たそうにも、そのためのカネがないという問題が生じる。

これをどうするか。

どこかで、何らかの形での富と負担の配分調整が必要になって来るかもしれない。そのような体制作りに向けて知恵を出し合う。そのような場としてこそ、グローバル長屋の管理組合が力量を問われるということなのではないか。これは、最後の「ワク物語」につながって行くポイントだ。また脳内メモが必要だ。

ヒト・モノ・カネが地球の歩き方の達人になればなるほど、国々の政策能力は低下する。財政政策は金欠で手詰まりになる。金融政策はカネの勝手な流出入に足を取られて効力を失う。この状態に業を煮やして、浅薄な政治家たちが中央銀行に国債を買わせたり、やたらに高いインフレ目標を達成させようと、気炎を上げる世の中になっている。これは怖い。追い詰められた国々のお門違いの逆襲がこのような形を取る時、民主主義は脅威にさらされる。

そうなってはまずい。その観点からも、管理組合の役割はかなり重要なのではないかと思う。G20を無用の長物と揶揄するのは簡単だ。だが、ここはその能力強化に向けて工夫を凝らすことの方が肝要だ。脳内メモを書き記した上で、次の物語に進む。次はカネ物語である。

カネ物語：カネは地球の回りもの——マトモな回り方をどう確立するか

『国富論』において、スミス先生は重商主義的なカネの取り扱い方を厳しく批判している。カネは貯めこむものにあらず。使うものなり。生産的な投資と消費にカネを使おう。ザクザクとお蔵に金銀を積み上げて、その山のうずたかさを眺めては「イッヒッヒ」と笑う。この悪趣味な生き方をやめるべし。そうスミス先生は強く主張している。

それに対して、「新・国富論」が取り組むべき問題は少し違う。今、言うべきことをざっくり言えば、「カネは回すために回すものにあらず。舞台を回すために回すべきものなり」という感じになるだろう。グローバル化がカジノ金融にはずみをつければつけるほど、金融は黒衣としての領分を忘れて舞台中央に躍り出る。芝居が上手く運んでいくように、舞台が上手く回って行くように、気配り・手配り・知恵配りをすること。それが金融の本来の役割だ。そして、そのような役割を金融が果たすに当たっては、役者さんたちとの間に絶対にして絶妙な信頼関係が形成されていなければならない。

肥えた眼力を持って、役者たちのパフォーマンスを見定める。ゆうべ、また飲み過ぎか。

この調子だと、早晩、足がもつれるだろう。その時は、さりげなくサポートに回らなくっちゃ。そんなことも考えながら、じっと脇で控えている。口うるさく苦言は呈す。だが、裏切ることは決してしない。そんな名黒衣の心意気が、グローバル時代の金融からは全く掻き消えてしまいつつある。その最たる事例がLIBOR問題だった。

サファリパーク方式

金融にいかにしてマトモさを呼び戻すか。これは、いまの時代を考える上で実に大きなテーマだと思う。そのための勘所はどこにあるのか。カジノ金融とマジメ金融の相互隔離は確かに一つのやり方だ。だが、それだけでは少々、芸がない。黒衣にも、それなりの遊び心と色気は必要だ。ひたすら地味一辺倒では、切れ味が鈍るし、凄みもなくなる。切れ味も凄みも、カネ貸し業には必要だ。金融黎明期であった十六・十七世紀において、シティで辣腕をふるったマーチャント・バンカーたちには、必ずどこかに海賊のやくざ性があった。それが商人としての律儀性と絶妙にブレンドされていたから、面白くも規律正しい暗黙の金融秩序が形成されていたのである。

そのような金融の在り方を再現するのは、やっぱりサファリパーク方式の体制が向いているのではないかと思う。これは、かねてより筆者が考えて来たことだ。これまでの金融の世界は動物園かジャングルか、その二つに一つだった。日本は、ある時まで徹底した動物園方式をとっていた。銀行は銀行の檻の中。証券会社は証券会社の檻の中。生損保は生損保の檻の中。入園者はいつでも檻の外。よほどバカな真似をしない限り、身の危険が発生する余地は全く無かった。

この状態の対極に、ジャングル金融の世界がある。もちろん、檻も何もない。どのような動物たちがどのような動き方をするかわからない。普通の動物のジャングルとは違って、人間たちが構成するジャングルだから、異なる種同士の間でもどんどん交配が進んでしまう。その結果として誕生した異種変種新種の数々は、どのような行動を取るかわからない。おとなしいのか凶暴なのかもわからない。突然、牙を剝くかもしれない。金融の自由化・グローバル化・工学化・証券化が進む中で、金融ジャングルの得体の知れなさはどんどん深まった。

動物園とジャングルの両極には、いずれもそれなりに問題がある。動物園は檻のなかの生き物たちの活力を奪い、入園者たちのリスク感覚を麻痺させる。ジャングルはいかがわし過ぎて危険過ぎて、人々をそこに送り込むことにリスクが伴い過ぎる。となれば、この両極の中間点を狙うのがいいだろう。それがサファリパークなのだと思う。

生き物たちは基本的に放し飼い。入園者はパークのルールを良く理解して、それなりの自己責任を負う覚悟をする。生き物たちにも、ジャングルとの違いをよく理解させる。金融の何たるかについても、それなりに理解を深めてもらう。少なくとも、金融は数学ばかりでは成り立たないことくらいは、生き物たちが全て認識しているように研修などを施す。そして、いざという時のために、管理センターから強面のベテラン黒衣や黒衣経験者たちなどが遠目で目を光らす。そんなイメージだ。

果たして上手くいくか。

生き物たちにも、管理者たちにも、入園者たちにも、かなりの自覚と見識を求める体制である。それが保障されるとは限らない。だが、いずれにせよ、「新・国富論」の世界においては、何かにつけて人々の知恵と良識に依存せざるを得ない。どうも、そういうことなのだと思う。

我々がその要請にどう応えるか。ここにこそ、「新・国富論」の最大のチャレンジがありそうな気がして来た。そう思いつつ、いよいよ、ヒトの世界に踏み込んで行こう。

ヒト物語：ヒトを生かすも殺すも地球経済――労働価値説の復権なるか

ヒト・ブロックのテーマは何か。大別してテーマが二つあるだろう。その一は今日的分業の人間疎外問題だ。その二が、我らがグローバル時代において労働価値説をどう考えるべきかという問題だ。両者は無縁ではない。

スミス先生は、『国富論』の中で、分業の発達が人々を思考停止状態に追い込む恐れに言及している。第二章で見た通りだ。シングルタスクの繰り返しに明け暮れる生活が常態化すると、人間はゾンビ化する。そのことについて、先生は驚くべき先見性をもって気がついていた。その観点から、むしろ原始の昔の人々の方が、多様な対応力をもっていたはずだとも言っている。実に賢い。これも第二章で見た。

国境を越えたグローバル・サプライ・チェーンのロング羊羹に組み込まれた今日の人々は、『国富論』の時代よりも、はるかに原始の世界から遠ざかっている。

タスクはさらに細分化され、各段に高い精度をもって達成度が管理されている。合理化と精緻化がとことん追求された中で、最大限の効率をもって作業が処理されていくよう、機械がヒトのパフォーマンスを管理している。

これは何も、工場の生産ライン上の話ばかりではない。ホワイトカラー人間たちのオフィスワークにおいても、やはり管理は強化され、機能分割は細分度を高めている。マルチタスクの醍醐味はないし、工夫の余地も少ないが、負担は重くて労働時間は長い。かりにマルチタスク的な仕事の内容になっていても、それは、人員整理や採用抑制のお蔭で、人間の頭数が減っているからに過ぎない。最低コストで最大効率を追求する。無駄やゆとりは徹底的に排除する。

組織は事業部制やカンパニー制で分断される。組織の中に垣根が出来る。部門と部門は張り合う関係になり、支え合う関係が消滅していく。こうして、組織構造そのものがシングルタスク化の方向に向かった。その結果、こんなところにも「合成の誤謬」の問題が顔を出すようになっている。部門ごとに見れば、いずれも頑張っている。ところが、会社全体として見れば、掲げて来た目標が達成出来ない。人材育成制度が人材を育成出来ない。企業を輝かせようとすると、従業員が輝きを失う。個々の輝きを組織の輝きに結晶させられない。このような状況の中で、人々は思う。自分たちの労働の価値は、一体どのように評価されているのか。疲れ切り、モチベーションが下がり、ストレスが溜まり、うつ病になる。このような組織の諸問題を解決したいと切望する熱血の人々が、学生さんとなって、ビジネススクールに集まって来る。

これが、我らがグローバル時代のヒト的風景だ。どうも、なかなか悲惨である。今日的環境の中で、どうすれば、ヒトは復権出来るのか。グローバルに広がる地平は、人々にそれだけ大きな可能性をもたらし、創造性や想像力を触発し、絆と喜びの共有をプレゼントしてくれる。そのような側面があるはずだ。だが、その裏側には、行き過ぎた競い合いと奪い合い、多様性を排除する均一化の力学、数の暴力や規模の暴力、ひたすら安さを追求する果てしなき売りたたきと買いたたきの論理などが吸着している。さしあたり、このような裏側のただれた肌合いの方が、もっぱら、表に出てしまっているようである。

最下位争いと「格差」

そうした中で、労働価値説も、いまや瀕死の状態に追い込まれている観がある。国境を越える羊羹チャートの中で、企業たちが必死で居場所を奪い合うほど、人々の労働は買いたたかれる。賃金の世界は、長らく最下位争いの世界になって久しい。国境を越えて、人々の賃金は極めて強い下方弾力的力にさらされて来た。どんどん、最低水準の記録が更新されている。スミス先生の労働価値説によれば、ある商品の価値は、そこに投入された労働量によって決まる。

だが、今の世の中、これが果たしてどこまで言えるか。一〇〇円ショップで売っている商品の数々は、それらの製造に投入された労働の価値をどこまで反映しているか。ファスト・ファッションが繰り出す低価格衣料品においてはどうか。労働単価がとてつもなく低くなければ、これらの商品において、投入労働量がその販売価格を決めているとはいえない。現実は、その逆だ。低い販売価格が、そこに投入される労働の単価を決めている。

かくして、ヒト・モノ・カネが国境を越える今、ヒトの価値は国境を越えてどんどん低レベルでフラット化していく。賃金の国境を越えた低位横並び現象だ。

ところがその反面、国境の内側では、この最下位争いレースに巻き込まれてしまった人々とそれを免れた人々との間で格差が広がる。国境を越えた横並び化と並行して、国境の内側では、勝ち組と負け組との間の縦並び化が進んでいく。

この構図の中で、カジノ金融でさんざん世間にご迷惑をかけた面々が、勝ち組となって縦並び構造の頂点に立ってしまったりすれば、人々の怒りが炸裂するのは当たり前だ。「我ら九九％」の叫びには、その意味において実に正当性がある。

このような形で、地球経済にヒトを殺させるわけにはいかない。ヒトを生かし、ヒトによって生かされる地球経済の在り方をどう実現するのか。これもまた、グローバル長屋の管理組合が取り組むべき大いなる課題だ。かくして、ドーナッツの穴に放り込むべきテーマは増える一方である。「ワク」はそれらを受け止められるか。ここまで来たら、最後のブロックに進むしかない。ここからが「新・国富論」探しの最終局面である。

ワク物語：「新・国富論」は何富論？——誤謬無き世界はいずこに

クニ物語の中で確認した通り、スミス先生の「見えざる手」は付加価値に国外への漏れが無いことを前提にしていた。国民が生み出す付加価値の全てが国内に帰属する時、そこに生まれるのが「合成の勝利」であった。企業を含めて個々の国民はそれぞれ得手勝手に自分の合理性を追求する。その方向性はバラバラだ。だが、そのバラバラを合成して国民経済に集約してみれば、そこには必ず富の増進がある。

これに対して、羊羹チャート型分業の時代は「解体の誤謬」の世界だ。最も合理的な生産配置が実現しているわけであるから、地球経済レベルでは完全に全体最適が実現されている。だが、全体最適イコール全員最適にあらずだ。全富論は皆富論を意味しない。最適配置の形成過程で敗北した者、落ちこぼれた者たちの世界は、最適とは程遠い状態に追い込まれる。

思えば、国境越えの羊羹チャートは、リカード先生の二国二財モデルが示す比較優位あるいは比較生産費ベースの分業論を破壊するモデルだ。国境を越えた最適生産配置の模索過程は、比較優位に基づく国別特化を否定する。グローバル競争を強いられる企業たちが、国単位で見た比較優位のそれこそ「ワク」に制約されない勝ち残りの方途を模索した結果、羊羹チャートが生まれた。そのように言うことが出来るだろう。リカード先生、ごめんなさい。

繰り返しになるが、羊羹チャートそのものが内在的に悪いというわけではない。今日の経済環境の中において、これは極めて合理的な選択の産物だ。だが、問題はそこに「見えざる手」は働かず、天から「合成の勝利」は降って来ないということだ。このような状況の下では、やはり、誰もが自分のことだけを考えているわけにはいかないだろう。自分の行動の結果が、他者に対していかなる波及効果を及ぼすか。そのことを、それなりに視野に入れて考えなければいけない。そこが全く欠落すると、結局のところは多くの人々が不幸になる恐れがある。多くの人々の不幸が、一部の人々の幸福に勝れば、成立したはずの全体最適も結局は崩れてしまう可能性が大きい。皆富論を全く無視して全富論めがけて突っ走ると、結局は全富論をも破壊してしまうかもしれない。

ここで注目すべきことに気がつく。『国富論』の正式名称が「諸国民の富の性質と原因についての研究」である、ということだ。諸国民といっている。決して自国民とはいっていない。諸国家とも言っていない。あくまでも、諸国民なのである。富は諸国民のものであって、自国民だけのものではない。そして、富は国家に帰属するものではなくて、国民に帰属するものだ。それらのことが、このタイトルの中に塗り込められていると思う。国々がひたすら自国の富の増進ばかりを追求し、自国の富の喪失ばかりを阻もうとすれば、そこに生まれるのは新・国富論ではなくて新重商主義だ。これが我々の目指す「ワク」であっては、絶対にいけない。

グローバル長屋の心意気と合言葉

新重商主義を追求しようとする為政者たちは、まさしく出来の悪い魔法使いの弟子にほかならない。彼らが下手な魔術で恐慌をせき止めようとすればするほど、恐慌は果てしない無限ループと化して行く。グローバル長屋の管理組合は、この愚かさから脱却する必要がある。「見えざる手」が効かないのであるから、お互いに気配りし合わなければならない。権利の主張ばかりがぶつかり合ったり、交渉に勝利することだけが自己目的化したり、めんどくさいから最大公約数的な何も言っていないに等しい回答や、木に竹を接いだようなつじつま合わせでお茶を濁したりしてはいけない。

いよいよ、パズルも最終局面である。グローバル長屋が目指すべきは何富論の心意気か。そしてグローバル長屋の合言葉は何であるべきか。

実は、この二つはこのパズルの隠しピースだ。大箱小箱に入っていたピースだけでは、もともと、このパズルは完成しない仕組みになっていた。そして、隠しピースが何個であって、それがどのようなピースであるのかも、ここまで来て初めてわかる仕掛けになっていた。何とも意地の悪いパズルだ。

さあ、パズルを完成しよう。

心意気は何富論か。

合言葉は何か。

「何富論？」への答えは「君富論」である。「僕富論から君富論へ」。これはある時から繰り返し筆者が言って来たことだ。どこかで、筆者の「君富論」談義をお聴き下さった読者がおいでかもしれない。その節は、拙い長広舌で失礼いたしました。

僕富論の世界において、諸国民は「僕の富さえ増えればいい。僕の富が減らないためなら、何をしてもいい」と考える。「見えざる手」が働かない環境において、これはまずい。君の富をどう増やすか。君の富が減らないためにはどうすればいいのか。そう考えることが出来なければいけない。ここで、いまや、随分前の話となった感のある本書の第一章を思い出して頂きたい。そこに、「グローバル時代のあるべき姿六カ条」を掲げていた。その第六条をご覧頂きたい。もともと、五カ条だったものに本書の中で付け加えた条項だ。そこにいわく、「グローバル時代は奪い合いの時代にあらず、分かち合いの時代なり」。やっぱり、どうしてもここに帰着する。この姿勢が共有されていないと、「見えざる手」が働かない時代を我々は生き抜くことが出来ない。改めてそう確信する。

さてそこで、グローバル長屋の合言葉である。それは、「差し伸べる手」なのだと思う。「見えざる手」に代わるものは、決して国々の「見える手」ではない。諸国民がお互いに対して差し伸べる手、やさしさの手、勇気ある手、知恵ある手だ。

さらにいえば、差し伸べる手を持つ人々は、実は諸国民に止まっていてもいけないのだと思う。本当に力強い差し伸べる手を持つためには、我々は諸国民から「全市民」に脱皮しなければいけないのではないかと思う。国境をまたぐグローバル市民の視野があればこそ、お互いに慮《おもんぱか》りの手を差し伸べ合うことが出来る。そういうことだろう。そのようなグローバル市民の活動拠点はどこにあるのか。

それは「地域」にあると思う。

国民国家の存在感が希薄化する時、その陰から地域共同体が顔を出す。これについても、「六カ条」の中に掲げていた。第五条の「地球の時代は地域の時代にほかならず」である。市民が居る場所、そこは地域だ。まずは、そこで手を差し伸べ合う。だが、グローバル市民だから、その小宇宙の中に決して引きこもりはしない。地域的な縦横のつながりでお互いを支え合いながら、地球的経済社会全体に向かって思いを馳せる。その視点が形成された時、われらは「君富論＝新・国富論」の真の担い手となる。

そして思いはスコットランドへ

ここまで来たところで、スコットランドに思いが及ぶ。スミス先生の出身地だ。スコットランドの気風が、地球を担う地域のイメージに良く合うと思う。自立心旺盛で、頑固で、ローカル色が実に豊かだ。奇妙なタータン文化を執念深く大事にしている。グローバル・スタンダードなどには決してくみしない。長い物にまかれない。強い者に屈しない。弱き者には無限に優しい。派手なものに対して疑り深い。いかがわしいものをかぎ分ける嗅覚に優れている。イギリスなどは糞くらえ。我らの舞台は地球なり。

このような地域魂をもつスコットランド男が、『国富論』を書いて経済学の生みの親となった。その『国富論』を寄る辺としつつ、リカード先生にもご支援頂きつつ、我らが「新・国富論」探しの旅に出た。そして、「見えざる手」が働かなくなった我らのグローバル時代において、差し伸べる手を発見した。かくして、『国富論』の世界と「君富論」の世界がつながった。至福の瞬間である。皆さんも、同じ思いを持って頂けているとすれば、これぞ、全き至福だ。ここまでのお付き合い、本当に有難うございました。

あとがき

「新・国富論」探しの旅は、ひとまず、ゴールに何とか到達した。これが本当の終着点だとは断言出来ない。第六章でご一緒に見た通り、このパズルは動くパズルだ。そうであるべきだろう。いずれ、バージョン・アップを目指して再び旅に出る必要が出て来るだろう。その時に向けて、皆さんも筆者も、知的足腰を鍛え続けなければいけない。

本論中での発見について、ここで改めておさらいする必要はない。だが、主題とは少々離れたところでも、この旅は実に貴重な発見の旅だった。それが旅の醍醐味というものだろう。最も心地好かった発見は何か。それは、スミス先生の『国富論』が実に人間味に溢れた著作だということである。あの巨大本のページまたページに人々が登場する。彼らには、実に豊かな表情がある。

ピン工場の中で分業に携わる人々（どんなピン？　待ち針？　虫ピン？　画鋲？　このミステリーだけは充分な解明に至らなかった）。村々で鍛冶屋や肉屋を営む人々。都会にしかいないホテルのポーターさん。国税を頼りに、どこまで贅沢が許されるものか、考えあぐねる王侯貴族たち。現代人よりは、はるかにマルチタスク型で万能人間だった古代人たち。筆者の頭の中で、彼らが円舞を踊っている。時に激しく、時にゆったり。

経済活動は、誠にもって人間の営みだ。スミス先生が、そのことを我々に実によく示してくれている。分業論の大家、リカード先生もそうだ。彼らが語る経済は、生きた経済だ。彼らの経済学は、人間を語る経済学だ。そこには、物語がある。ドラマがある。謎解きがある。やっぱりそうだった！　この感慨に、今、筆者は大いに気を良くしている。偉大な先生たちも、人間ドラマとしての経済を注視し、そのドラマの筋書を見極めようとしていた。

思えば、先生たちの時代には、デリバティブなどというものは無かった。量的緩和もなかった。インフレ・ターゲットもなかった。本論中で確認した通り、そもそも、財政金融政策というものさえ、今のような形では存在しなかった。その意味で、彼らはごくシンプルな経済力学の世界を取り扱っていた。だが、だからと言って、彼らの洞察が効力を失ったということになるのか。そんなことはない。それが証拠に、今、『国富論』を読めば、その主張には大いに納得が行く。

推理小説の中で、名探偵が真相を突き止める勘所はどこにあるか。それは、余計な飾りや仕掛けや目くらましに惑わされず、その向こう側にある因果関係を見定めることだ。誰が殺されたか。そのことで、得をするのは誰か。被害者が生きていたら、誰がどう損をするのか、結局のところ、重要なのはそれらのことに尽きる。どんなに奇妙な殺され方をしていようと、どんなにまがまがしい噂話が飛び交っていようと、それらに翻弄されて本筋を見失ってはいけない。

その観点からいえば、我々の時代は厄介な時代だ。奇妙な要素やまがまがしい要素が従来に比べて格段に多い。そうであればこそ、基本への忠実さが問われる。だからこそ、「新・国富論」は、常に元祖『国富論』に立ち戻る必要がある。何しろ、長い本であるから、まだまだ、探求の余地がある。

さて、この旅もいよいよ最後のご挨拶のところに来た。まずは、同志社大学大学院ビジネス研究科の卒業生、塘岡孝敏氏に再度、謝辞を申し上げたい。第三章でも既に御礼申し上げたが、ここまでお付き合い頂いた皆さんはご存知の通り、最終結論に至る過程でも、塘岡さんの「羊羹チャート」には大変にお世話になっている。このインスピレーションなくして、あの結論には到達していない。改めて深謝申し上げる。

そして、本当に最後になったが、文藝春秋の鈴木洋嗣、波多野文平ご両氏、そして樋渡優子氏に心から御礼申し上げなくてはならない。お三方の惜しみないご支援と、しなやかな圧力のおかげで、今、ここまで到達している。良き企画者を得てこそ、この旅が実現した。

浜　矩子

浜　矩子（はま　のりこ）

1952年生まれ。一橋大学経済学部卒業。三菱総合研究所ロンドン駐在員事務所長、同研究所主席研究員を経て、現在、同志社大学大学院ビジネス研究科教授。専門はマクロ経済分析、国際経済。著書に『グローバル恐慌』『ユニクロ型デフレと国家破産』『ドル終焉』『「通貨」を知れば世界が読める』などがある。

文春新書

894

新《しん》・国富論《こくふろん》　グローバル経済《けいざい》の教科書《きようかしよ》

2012年(平成24年)12月20日　第1刷発行

著　者　浜　矩子
発行者　飯窪成幸
発行所　株式会社　文藝春秋

〒102-8008　東京都千代田区紀尾井町3-23
電話　(03) 3265-1211（代表）

印刷所　理想社
付物印刷　大日本印刷
製本所　大口製本

定価はカバーに表示してあります。
万一、落丁・乱丁の場合は小社製作部宛お送り下さい。
送料小社負担でお取替え致します。

ISBN978-4-16-660894-2

◆政治の世界

美しい国へ　安倍晋三
体制維新――大阪都　橋下徹　堺屋太一
日本のインテリジェンス機関　大森義夫
田中角栄失脚　塩田潮
政治家失格　なぜ日本の政治はダメなのか　田﨑史郎
女子の本懐　小池百合子
実録　政治vs.特捜検察　ある女性秘書の告白　塩野谷晶
体験ルポ　国会議員に立候補する　若林亜紀
鳩山一族　その金脈と血脈　佐野眞一
民主党が日本経済を破壊する　与謝野馨
世襲議員のからくり　上杉隆
小沢一郎　50の謎を解く　後藤謙次
日本国憲法を考える　西修
憲法の常識　常識の憲法　百地章
ここがおかしい、外国人参政権　井上薫
CIA 失敗の研究　落合浩太郎

決断できない日本　ケビン・メア
オバマ大統領　村田晃嗣　渡辺靖
独裁者プーチン　名越健郎
ジャパン・ハンド　春原剛
拒否できない日本　関岡英之
司馬遼太郎　リーダーの条件　半藤一利・磯田道史　鴨下信一他
日本人へ　リーダー篇　塩野七生
日本人へ　国家と歴史篇　塩野七生
財務官僚の出世と人事　岸宣仁
公共事業が日本を救う　藤井聡
日本破滅論　藤井聡　中野剛志
日米同盟vs.中国・北朝鮮　アーミテージ・ナイ緊急提言　リチャード・L・アーミテージ　ジョセフ・S・ナイJr.　春原剛
郵政崩壊とTPP　東谷暁
テレビは総理を殺したか　菊池正史
日中もし戦わば　マイケル・グリーン　張宇燕・春原剛　富坂聰
自滅するアメリカ帝国　伊藤貫
政治の修羅場　鈴木宗男
地方維新vs.土着権力　八幡和郎

特捜検察は誰を逮捕したいか　大島真生

◆経済と企業

マネー敗戦　吉川元忠
新・マネー敗戦　岩本沙弓
強欲資本主義 ウォール街の自爆　神谷秀樹
ゴールドマン・サックス研究 世界経済崩壊の真相　神谷秀樹
黒字亡国 対米黒字が日本経済を殺す　三國陽夫
石油の支配者　浜田和幸
金融工学、こんなに面白い　野口悠紀雄
定年後の8万時間に挑む　加藤　仁
人生後半戦のポートフォリオ　水木　楊
霞が関埋蔵金男が明かす「お国の経済」　髙橋洋一
臆病者のための株入門　橘　玲
臆病者のための裁判入門　橘　玲
企業危機管理　実戦論　田中辰巳
企業コンプライアンス　後藤啓二
ハイブリッド　木野龍逸
日本企業モラルハザード史　有森　隆

熱湯経営　樋口武男
先の先を読め　樋口武男
オンリーワンは創意である　町田勝彦
明日のリーダーのために　葛西敬之
インド　IT革命の驚異　榊原英資
東電帝国　その失敗の本質　志村嘉一郎
サイバー・テロ　日米vs.中国　土屋大洋

＊

エコノミストは信用できるか　東谷　暁
エコノミストを格付けする　東谷　暁
生命保険のカラクリ　岩瀬大輔
日本経済の勝ち方 太陽エネルギー革命　村沢義久
資産フライト　山田　順
団塊格差　三浦　展
ポスト消費社会のゆくえ　辻井　喬　上野千鶴子
いつでもクビ切り社会　森戸英幸
自分をデフレ化しない方法　勝間和代
JAL崩壊　日本航空・グループ2010

ユニクロ型デフレと国家破産　浜　矩子
もし顔を見るのも嫌な人間が上司になったら　江上　剛
就活って何だ　森　健
ぼくらの就活戦記 難関企業内定者40人の証言　森　健
出版大崩壊 電子書籍の罠　山田　順
さよなら！　僕らのソニー　立石泰則
修羅場の経営責任　国広　正
日本人はなぜ株で損するのか？　藤原敬之
日本国はいくら借金できるのか？　川北隆雄
ビジネスパーソンのための契約の教科書　福井健策
ビジネスパーソンのための企業法務の教科書　西村あさひ法律事務所編

（2012. 11）C

◆文学・ことば

ドストエフスキー　亀山郁夫
ひとすじの蛍火 吉田松陰 人とことば　関 厚夫
松本清張の残像　藤井康栄
松本清張への召集令状　森 史朗
松本清張の「遺言」　原 武史
藤沢周平 残日録　阿部達二
司馬遼太郎という人　和田 宏
三島由紀夫の二・二六事件　松本健一
回想 回転扉の三島由紀夫　堂本正樹
六十一歳の大学生、父 野口冨士男の遺した一万枚の日記に挑む　平井一麥
追憶の作家たち　宮田毬栄
それぞれの芥川賞 直木賞　豊田健次
文豪の古典力　島内景二
中島敦「山月記伝説」の真実　島内景二

＊

短歌博物誌　樋口 覚
「古事記」の真実　長部日出雄
源氏物語とその作者たち　西村 亨
江戸川柳で読む忠臣蔵　阿部達二
とっておきの東京ことば　京須偕充
すごい言葉　晴山陽一
日本人の遺訓　桶谷秀昭
漢字の相談室　阿辻哲次
舊漢字　萩野貞樹
漢字と日本人　高島俊男
座右の名文　高島俊男
大人のジョーク　馬場 実
日本語と韓国語　大野敏明
蓮池流韓国語入門　蓮池 薫
あえて英語公用語論　船橋洋一
翻訳夜話　村上春樹 柴田元幸
翻訳夜話2 サリンジャー戦記　村上春樹 柴田元幸
記憶の「9マス英単語」　晴山陽一
語源でわかった！ 英単語記憶術　山並陞一
語源の音で聴きとる！ 英語リスニング　山並陞一
外交官の「うな重方式」英語勉強法　多賀敏行
日本語の21世紀のために　丸谷才一 山崎正和
英語の壁　マーク・ピーターセン
危うし！ 小学校英語　鳥飼玖美子

＊

あの頃、あの詩を　鹿島 茂編
俳句鑑賞450番勝負　中村 裕
行蔵は我にあり　出久根達郎
恋の手紙 愛の手紙　半藤一利
「書く」ということ　石川九楊
桜の文学史　小川和佑
おくのほそ道 人物紀行　杉本苑子
おせい&カモカの昭和愛惜　田辺聖子
書評家〈狐〉の読書遺産　山村 修
随筆 本が崩れる　草森紳一
不許可写真　草森紳一
人声天語　坪内祐三

名文どろぼう　竹内政明
名セリフどろぼう　竹内政明
弔辞 劇的な人生を送る言葉　文藝春秋編
漢詩と人生　石川忠久
イエスの言葉 ケセン語訳　山浦玄嗣
易経入門　氷見野良三
五感で読む漢字　張　莉

◆食の愉しみ

フランスワイン 愉しいライバル物語　山本　博
中国茶図鑑［カラー新書］　工藤佳治 俞 向紅 写真・丸山洋平
チーズ図鑑［カラー新書］　文藝春秋編
ビール大全　渡辺　純
発酵食品礼讃　小泉武夫
牡蠣《かき》礼讃　畠山重篤
鮨屋の人間力　中澤圭二
すきやばし次郎 鮨を語る　宇佐美　伸
毒草を食べてみた　植松　黎
実践 料理のへそ！　小林カツ代
一杯の紅茶の世界史　磯淵　猛
歴史のかげにグルメあり　黒岩比佐子
世界奇食大全　杉岡幸徳
辰巳芳子 スープの手ほどき 和の部　辰巳芳子
辰巳芳子 スープの手ほどき 洋の部　辰巳芳子

（2012. 11）E

文春新書好評既刊

吉川元忠《きつかわ》
マネー敗戦

80年代からアメリカに投資した巨額の国富がドルの魔術〝為替操作〟で半分に減価してしまった。平成不況論の盲点をつく衝撃の書！

002

浜　矩子《のりこ》
ユニクロ型デフレと国家破産

グローバル恐慌以降、依然猛威をふるう「新型デフレ」。その危険な正体と、負の連鎖を断ち切るための〝画期的処方箋〟を指し示す

759

川北隆雄
日本国はいくら借金できるのか？
国債破綻ドミノ

イタリアを上回る借金大国ニッポン。すでにGDPの2倍の借金を抱えた日本国債がデフォルトしたら我々の生活はどうなるのか――

849

東谷　暁《さとし》
郵政崩壊とTPP

小泉改革のシンボル・郵政民営化。「官から民へ」の熱狂をよそに、砂上の楼閣となり果てた日本郵政の惨状と利権食いの実態を暴く！

856

藤井　聡・中野剛志
日本破滅論

グローバリズム、マスメディア、反・公共事業、アカデミズム、地方分権……。日本の没落をもたらした様々な「罠」を撫で斬りにする

871

文藝春秋刊